Armando Barraza

El docente debe de ser: sabio, prudente, inteligente, paciente

Armando Barraza

El docente debe de ser: sabio, prudente, inteligente, paciente

JustFiction Edition

Cover image: www.ingimage.com

Publisher:
JustFiction! Edition
is a trademark of
Dodo Books Indian Ocean Ltd. and OmniScriptum S.R.L publishing group

120 High Road, East Finchley, London, N2 9ED, United Kingdom
Str. Armeneasca 28/1, office 1, Chisinau MD-2012, Republic of Moldova, Europe
Printed at: see last page
ISBN: 978-620-0-11055-8

El docente (a) debe de ser: sabio, prudente, inteligente, paciente y amoroso(a) ante el estudiantado en el aula.

Autor. Armando Barraza Cuellar.

Capitulo uno.

El docente (a) debe de ser: sabio, prudente, inteligente, paciente y amoroso(a) ante el estudiantado en el aula. (toda la sabiduría humana proviene de la sabiduría de Dios. (Daniel. 2:1)

Resumen. El docente (a) debe de ser: sabio, prudente, inteligente, paciente y amoroso(a) ante el estudiantado en el aula. (toda la sabiduría humana proviene de la sabiduría de Dios. (Daniel. 2:1) en el segundo ano del reino de Nabucodonosor, tuvo Nabucodonosor sueños, y se perturbó su espíritu, y se le fue el sueño. **2:1 segundo año.** El ascenso de los cuatro hebreos después de tres años de preparación (1:5, 18) concuerda con el ano del ascenso después del sueno en el "segundo ano" Vea la nota sobre 1:1. Sueños. En el tiempo de la revelación, Dios hablaba a través de la interpretación de sueños inducidos por El (cp. versículo 19).

Palabras clave. Sabiduría, sueños, Dios, revelación, docente, prudente, inteligente, paciente, amoroso, estudiantado.

Introducción. El docente (a) debe de ser: sabio, prudente, inteligente, paciente y amoroso(a) ante el estudiantado en el aula. (toda la sabiduría humana proviene de la sabiduría de Dios. (Daniel. 2:1) en el segundo ano del reino de Nabucodonosor, tuvo Nabucodonosor sueños, y se perturbó su espíritu, y se le fue el sueño. **2:1 segundo año.** El ascenso de los cuatro hebreos después de tres años de preparación (1:5, 18) concuerda con el ano del ascenso después del sueño en él hablaba a través de la interpretación de sueños inducidos por El (cp. versículo 19). Sabiduría, sueños, Dios, revelación, docente, prudente, inteligente, paciente, amoroso, estudiantado. **Daniel, capitulo 2, versículo 28 dice así:** pero hay un Dios en los cielos, el cual revela los misterios, y el ha hecho saber al rey Nabucodonosor lo que ha de acontecer en los postreros días. He aquí tu sueno, y las visiones que has tenido en tu cama. **2.28 Dios...revela los misterios.** Tal como lo hizo durante el tiempo de José en Egipto (cp. Genesis. 40: 8; 41:16). **Genesis. 41: 16 dice así.**

Respondió José a Faraón, diciendo: No esta en mí; Dios será el que de respuesta propicia a Faraón. **41:16 No esta en mi: Dios será el que dé.** Negando cualquier capacidad innata en el mismo, José anuncio ya al principio que la respuesta que Faraón demandaba podía venir solo de Dios. Y, las revelaciones y a través de sueños, visiones, del ser humano, vienen de Dios el Eterno, y el la da al que el quiera ya sea varón o mujer, pero si el docente y maestra le pide humildemente que de: Sabiduría, sueños, a Dios, y revelación, siendo, prudente, inteligente, paciente, amoroso, y que su corazón se quebrante y sea humilde su espíritu, entonces Dios le puede dar lo que el o ella le pida, para poder dirigir al estudiantado tal como debe de ser. Se que, si le da, lo que ´pida, porque yo de muy pequeño, le pedía hasta la fecha, y el me da palabra para escribir a los cuatro vientos, y se, que el lo hace, me ha hecho muy paciente, aunque exista muchos problemas en mi vida, como maestro que soy, como medico que soy, el me da paciencia y sabiduría, y además soy consejero espiritual, para todo aquel o aquella que lo pida. Soy paciente con mi esposa, con mis hijos. Es por ello por lo que, yo creo firmemente en Dios, el Eterno, en mi Jesucristo, y del Espíritu Santo. **¿Usted que dice mi querido lector (a)?**

Metodología sistemática. El docente (a) debe de ser: sabio, prudente, inteligente, paciente y amoroso(a) ante el estudiantado en el aula. (toda la sabiduría humana proviene de la sabiduría de Dios. (Daniel. 2:1) en el segundo ano del reino de Nabucodonosor, tuvo Nabucodonosor sueños, y se perturbó su espíritu, y se le fue el sueño. **2:1 segundo año.** El ascenso de los cuatro hebreos después de tres años de preparación (1:5, 18) concuerda con el ano del ascenso después del sueño en él hablaba a través de la interpretación de sueños inducidos por El (cp. versículo 19). Sabiduría, sueños, Dios, revelación, docente, prudente, inteligente, paciente, amoroso, estudiantado. **Daniel, capitulo 2, versículo 28 dice así:** pero hay un Dios en los cielos, el cual revela los misterios, y él ha hecho saber al rey Nabucodonosor lo que ha de acontecer en los postreros días. He aquí tu sueno, y las visiones que has tenido en tu cama. **2.28 Dios...revela los misterios.** Tal como lo hizo durante el tiempo de José en Egipto (cp. Genesis. 40: 8; 41:16). **Genesis. 41: 16 dice así.**

Respondió José a Faraón, diciendo: No está en mí; Dios será el que dé respuesta propicia a Faraón. **41:16 No está en mi: Dios será el que dé.** Negando cualquier capacidad innata en el mismo, José anuncio ya al principio que la respuesta que Faraón demandaba podía venir solo de Dios. Y, las revelaciones y a través de sueños, visiones, del ser humano, vienen de Dios el Eterno, y el la da al que el quiera ya sea varón o mujer, pero si el docente y maestra le pide humildemente que de: Sabiduría, sueños, a Dios, y revelación, siendo, prudente, inteligente, paciente, amoroso, y que su corazón se quebrante y sea humilde su espíritu, entonces Dios le puede dar lo que él o ella le pida, para poder dirigir al estudiantado tal como debe de ser. Se que, si le da, lo que ´pida, porque yo de muy pequeño, le pedía hasta la fecha, y él me da palabra para escribir a los cuatro vientos, y se, que él lo hace, me ha hecho muy paciente, aunque exista muchos problemas en mi vida, como maestro que soy, como médico que soy, el me da paciencia y sabiduría, y además soy consejero espiritual, para todo aquel o aquella que lo pida. Soy paciente con mi esposa, con mis hijos. Es por ello por lo que, yo creo firmemente en Dios, el Eterno, en mi Jesucristo, y del Espíritu Santo. **¿Usted que dice mi querido lector (a)?**

Discusión.

El docente (a) debe de ser: sabio, prudente, inteligente, paciente y amoroso(a) ante el estudiantado en el aula. (toda la sabiduría humana proviene de la sabiduría de Dios. (Daniel. 2:1) en el segundo ano del reino de Nabucodonosor, tuvo Nabucodonosor sueños, y se perturbó su espíritu, y se le fue el sueño. Si cada docente de los cuatro vientos, se humillara ante Dios con su corazón-mente quebrantado, reconociendo que solo no podemos hacer nada, que necesitamos de su ayuda para poder tener fuerzas sobrenatural, para que nos de su sabiduría, de su inteligencia, de su poder, de su consejería, de su conocimiento y que nuestro espíritu- conciencia sea humilde, entonces el, nos fortalecerá, y solo así podremos entender, comprender, discernir, y darle consejería al estudiantado, en su momento, de su tiempo y espacio, y solo así podremos llegar a la Cima por el camino estrecho, recto, y solo se hace con la ayuda del Creador. Ya con este mensaje, creo firmemente que estaos de acuerdo, para ello, hay que procurar que la: soberbia, la arrogancia,, el ego, el egocentrismo, la vanidad, y todo lo que nos estorbe, hay que alejarse de nosotros, para poder orientar, bien al estudiantado, y además ser servidores de ellos y ellas, y todo con el fin de que sean: servidores ante la comunidad en su momento, espacio y lugar, pero por lo pronto hay que preparar la tierra que sea fértil, para que la semilla que este en ella (estudiantes) sea fértil y de un buen fruto en tiempo, espacio y lugar. Muy bien espero que todos y cada uno de los docentes y maestras, tengan tiempo para poder leer este hermoso libro, y con ello mediten, reflexionen, y lleguen a un acuerdo positivo, donde el único y única que se va a beneficiar en un futuro inmediato es el estudiantado de las diferentes instituciones universitarias y de todos los nivele de escolares preescolar, escolar, secundaria y preparatoria de los cuatro vientos. ¿Usted que dice mi querido lector (a) queridos docentes, estudiantes? ¿Les agrada la idea plasmada en este hermoso libro de parte del autor docente? Creo que vamos por un buen camino, rumbo a la educación de alta calidad. De eso se trata, hoy día, ya que estamos viviendo tiempos muy difíciles en cada ciclo escolar, universitarios, y los diferentes planteles de los cuatro vientos.

Imagen.

Cuadro mental.

El docente (a) debe de ser: sabio, prudente, inteligente, paciente y amoroso(a) ante el estudiantado en el aula. (toda la sabiduría humana proviene de la sabiduría de Dios. (Daniel. 2:1) en el segundo ano del reino de Nabucodonosor, tuvo Nabucodonosor sueños, y se perturbó su espíritu, y se le fue el sueño. Si cada docente de los cuatro vientos, se humillara ante Dios con su corazón-mente quebrantado, reconociendo que solo no podemos hacer nada, que necesitamos de su ayuda para poder tener fuerzas sobrenatural, para que nos de su sabiduría, de su inteligencia, de su poder, de su consejería, de su conocimiento y que nuestro espíritu- conciencia sea humilde, entonces el, nos fortalecerá, y solo así podremos entender, comprender, discernir, y darle consejería al estudiantado, en su momento, de su tiempo y espacio, y solo así podremos llegar a la Cima por el camino estrecho, recto, y solo se hace con la ayuda del Creador. Ya con este mensaje, creo firmemente que estaos de acuerdo, para ello, hay que procurar que la: soberbia, la arrogancia,, el ego, el egocentrismo, la vanidad, y todo lo que nos estorbe, hay que alejarse de nosotros, para poder orientar, bien al estudiantado, y además ser servidores de ellos y ellas, y todo con el fin de que sean: servidores ante la comunidad en su momento, espacio y lugar, pero por lo pronto hay que preparar la tierra que sea fértil, para que la semilla que este en ella (estudiantes) sea fértil y de un buen fruto en tiempo, espacio y lugar. Muy bien espero que todos y cada uno de los docentes y maestras, tengan tiempo para poder leer este hermoso libro, y con ello mediten, reflexionen, y lleguen a un acuerdo positivo, donde el único y única que se va a beneficiar en un futuro inmediato es el estudiantado de las diferentes instituciones universitarias y de todos los nivele de escolares preescolar, escolar, secundaria y preparatoria de los cuatro vientos. ¿Usted que dice mi querido lector (a) queridos docentes, estudiantes? ¿Les agrada la idea plasmada en este hermoso libro de parte del autor docente?

Recapitulación. El docente (a) debe de ser: sabio, prudente, inteligente, paciente y amoroso(a) ante el estudiantado en el aula. (toda la sabiduría humana proviene de la sabiduría de Dios. (Daniel. 2:1) en el segundo ano del reino de Nabucodonosor, tuvo Nabucodonosor sueños, y se perturbó su espíritu, y se le fue el sueño. Si cada docente de los cuatro vientos, se humillara ante Dios con su corazón-mente quebrantado, reconociendo que solo no podemos hacer nada, que necesitamos de su ayuda para poder tener fuerzas sobrenatural, para que nos de su sabiduría, de su inteligencia, de su poder, de su consejería, de su conocimiento y que nuestro espíritu- conciencia sea humilde, entonces el, nos fortalecerá, y solo así podremos entender, comprender, discernir, y darle consejería al estudiantado, en su momento, de su tiempo y espacio, y solo así podremos llegar a la Cima por el camino estrecho, recto, y solo se hace con la ayuda del Creador. Ya con este mensaje, creo firmemente que estaos de acuerdo, para ello, hay que procurar que la: soberbia, la arrogancia,, el ego, el egocentrismo, la vanidad, y todo lo que nos estorbe, hay que alejarse de nosotros, para poder orientar, bien al estudiantado, y además ser servidores de ellos y ellas, y todo con el fin de que sean: servidores ante la comunidad en su momento, espacio y lugar, pero por lo pronto hay que preparar la tierra que sea fértil, para que la semilla que este en ella (estudiantes) sea fértil y de un buen fruto en tiempo, espacio y lugar. Muy bien espero que todos y cada uno de los docentes y maestras, tengan tiempo para poder leer este hermoso libro, y con ello mediten, reflexionen, y lleguen a un acuerdo positivo, donde el único y única que se va a beneficiar en un futuro inmediato es el estudiantado de las diferentes instituciones universitarias y de todos los nivele de escolares preescolar, escolar, secundaria y preparatoria de los cuatro vientos. ¿Usted que dice mi querido lector (a) queridos docentes, estudiantes? ¿Les agrada la idea plasmada en este hermoso libro de parte del autor docente? Creo que vamos por un buen camino, rumbo a la educación de alta calidad. De eso se trata, hoy día, ya que estamos viviendo tiempos muy difíciles en cada ciclo escolar, universitarios, y los diferentes planteles de los cuatro vientos.

Resumiendo, este hermoso primer capítulo. El docente (a) debe de ser: sabio, prudente, inteligente, paciente y amoroso(a) ante el estudiantado en el aula. (toda la sabiduría humana proviene de la sabiduría de Dios. (Daniel. 2:1) en el segundo ano del reino de Nabucodonosor, tuvo Nabucodonosor sueños, y se perturbó su espíritu, y se le fue el sueño. **2:1 segundo año.** El ascenso de los cuatro hebreos después de tres años de preparación (1:5, 18) concuerda con el ano del ascenso después del sueño en él hablaba a través de la interpretación de sueños inducidos por El (cp. versículo 19). Sabiduría, sueños, Dios, revelación, docente, prudente, inteligente, paciente, amoroso, estudiantado. **Daniel, capitulo 2, versículo 28 dice así:** pero hay un Dios en los cielos, el cual revela los misterios, y él ha hecho saber al rey Nabucodonosor lo que ha de acontecer en los postreros días. He aquí tu sueno, y las visiones que has tenido en tu cama. **2.28 Dios...revela los misterios.** Tal como lo hizo durante el tiempo de José en Egipto (cp. Genesis. 40: 8; 41:16). **Genesis. 41: 16 dice así.**

Respondió José a Faraón, diciendo: No está en mí; Dios será el que dé respuesta propicia a Faraón. **41:16 No está en mi: Dios será el que dé.** Negando cualquier capacidad innata en el mismo, José anuncio ya al principio que la respuesta que Faraón demandaba podía venir solo de Dios. Y, las revelaciones y a través de sueños, visiones, del ser humano, vienen de Dios el Eterno, y el la da al que el quiera ya sea varón o mujer, pero si el docente y maestra le pide humildemente que de: Sabiduría, sueños, a Dios, y revelación, siendo, prudente, inteligente, paciente, amoroso, y que su corazón se quebrante y sea humilde su espíritu, entonces Dios le puede dar lo que él o ella le pida, para poder dirigir al estudiantado tal como debe de ser. Se que, si le da, lo que ´pida, porque yo de muy pequeño, le pedía hasta la fecha, y él me da palabra para escribir a los cuatro vientos, y se, que él lo hace, me ha hecho muy paciente, aunque exista muchos problemas en mi vida, como maestro que soy, como médico que soy, el me da paciencia y sabiduría, y además soy consejero espiritual, para todo aquel o aquella que lo pida. Soy paciente con mi esposa, con mis hijos. Es por ello por lo que, yo creo firmemente en Dios, el Eterno, en mi Jesucristo, y del Espíritu Santo. **¿Usted que dice mi querido lector (a)?**

Imagen.

Imagen.

Capítulo 2.

El docente y el estudiantado en la enseñanza y aprendizaje de la lectura.

(Proverbios. Capitulo 1 versículo 3) dice así: Para recibir el consejo de prudencia, justicia, juicio y equidad).

Resumen.

El docente y el estudiantado en la enseñanza y aprendizaje de la lectura.

(Proverbios. Capítulo 1 versículo 3) dice así: Para recibir el consejo de prudencia, justicia, juicio y equidad). Dice así: 1:3 prudencia, justicia, juicio y equidad. Desarrollando el propósito y los términos del versículo 2ª, Proverbios emprende un proceso de instruir a un hijo en las disciplinas de:

1) **La prudencia** (un termino hebreo diferente del traducido "sabiduría" en el versículo 2), que significa discreción en el consejo o la capacidad de gobernarse a uno mismo por decisión; 2) **justicia**, la capacidad de amoldarse a la voluntad con la justicia poseída; 3) **juicio**, la aplicación de una verdadera justicia al tratar con los demás, y 4) **equidad**, vivir de una forma honrada y agradable.

Palabras clave:

prudencia, justicia, juicio, equidad, docente, estudiantado, enseñanza, lectura, aula de clases.

Introducción.

El docente y el estudiantado en la enseñanza y aprendizaje de la lectura.

(Proverbios. Capítulo 1 versículo 3) dice así: Para recibir el consejo de prudencia, justicia, juicio y equidad). Dice así: 1:3 prudencia, justicia, juicio y equidad. Desarrollando el propósito y los términos del versículo 2ª, Proverbios emprende un proceso de instruir a un hijo en las disciplinas de:

1(**La prudencia** (un término hebreo diferente del traducido "sabiduría" en el versículo 2), que significa discreción en el consejo o la capacidad de gobernarse a uno mismo por decisión; 2) **justicia**, la capacidad de amoldarse a la voluntad con la justicia poseída; 3) **juicio**, la aplicación de una verdadera justicia al tratar con los demás, y 4) **equidad**, vivir de una forma honrada y agradable. prudencia, justicia, juicio, equidad, docente, estudiantado, enseñanza, lectura, aula de clases.

Si el docente aplica estos conceptos básicos éticos para convivir, con el estudiantado, entonces estarán alcanzando una educación de alta calidad, porque la prudencia, la justicia, el juicio, la equidad, la enseñanza, el aprendizaje, la didáctica, la psicología y el verdadero amor, con ellos y cada uno de ellos, serán una verdadera transformación, que al final de la jornada, serán unos verdaderos Profesionistas que solo harán lo correcto y así, serán unos verdaderos servidores para la comunidad donde estén. Y los docentes y maestras estarán satisfechos por la misión cumplida, y también ellos y ellas, tendrán su recompensa de alegría de amor, y al meditar en ellos, para ellos, dirán: vale la pena vivir, y convivir con el estudiantado hoy y siempre y hemos cumplido con nuestra misión, que nos ha encomendado la nación, pueblo, ciudad, y hogar y sobre todo con ellos mismos, su conciencia, su mente, su corazón y su conciencia. Pues bien, también yo como escritor, como padre de familia, como médico, y ahora me siento bien tranquilo, con mucha paz en mi interior, y se, que me faltan más peldaños por escalar, hasta el final de mi jornada y darle muchas gracias al Creador el Eterno que por él, vivo, por el escribo, por el respiro, y por el amor al prójimo, a mi mismo, a mi esposa y a mis hijos y todo aquel o aquella que vea día tras día, noche tras noche, hasta que un día mi Dios me diga, hasta aquí, ya te voy a llevar a mi refugio.

Metodología sistemática. El docente y el estudiantado en la enseñanza y aprendizaje de la lectura.

(Proverbios. Capítulo 1 versículo 3) dice así: Para recibir el consejo de prudencia, justicia, juicio y equidad). Dice así: 1:3 prudencia, justicia, juicio y equidad. Desarrollando el propósito y los términos del versículo 2ª, Proverbios emprende un proceso de instruir a un hijo en las disciplinas de:

1(La prudencia (un término hebreo diferente del traducido "sabiduría" en el versículo 2), que significa discreción en el consejo o la capacidad de gobernarse a uno mismo por decisión; 2) **justicia**, la capacidad de amoldarse a la voluntad con la justicia poseída; 3) **juicio**, la aplicación de una verdadera justicia al tratar con los demás, y 4) **equidad**, vivir de una forma honrada y agradable. prudencia, justicia, juicio, equidad, docente, estudiantado, enseñanza, lectura, aula de clases.

Si el docente aplica estos conceptos básicos éticos para convivir, con el estudiantado, entonces estarán alcanzando una educación de alta calidad, porque la prudencia, la justicia, el juicio, la equidad, la enseñanza, el aprendizaje, la didáctica, la psicología y el verdadero amor, con ellos y cada uno de ellos, serán una verdadera transformación, que al final de la jornada, serán unos verdaderos Profesionistas que solo harán lo correcto y así, serán unos verdaderos servidores para la comunidad donde estén. Y los docentes y maestras estarán satisfechos por la misión cumplida, y también ellos y ellas, tendrán su recompensa de alegría de amor, y al meditar en ellos, para ellos, dirán: vale la pena vivir, y convivir con el estudiantado hoy y siempre y hemos cumplido con nuestra misión, que nos ha encomendado la nación, pueblo, ciudad, y hogar y sobre todo con ellos mismos, su conciencia, su mente, su corazón y su conciencia. Pues bien, también yo como escritor, como padre de familia, como médico, y ahora me siento bien tranquilo, con mucha paz en mi interior, y se, que me faltan más peldaños por escalar, hasta el final de mi jornada y darle muchas gracias al Creador el Eterno que por él, vivo, por el escribo, por el respiro, y por el amor al prójimo, a mí mismo, a mi esposa y a mis hijos y todo aquel o aquella que vea día tras día, noche tras noche, hasta que un día mi Dios me diga, hasta aquí, ya te voy a llevar a mi refugio.

Imagen.

La prudencia vale
tanto como las canas:
una vida intachable es
como una edad avanzada
Sabiduría 4 : 9
@yorguingo

Discusión.

1(La prudencia (un término hebreo diferente del traducido "sabiduría" en el versículo 2), que significa discreción en el consejo o la capacidad de gobernarse a uno mismo por decisión; 2) **justicia**, la capacidad de amoldarse a la voluntad con la justicia poseída; 3) **juicio**, la aplicación de una verdadera justicia al tratar con los demás, y 4) **equidad**, vivir de una forma honrada y agradable. prudencia, justicia, juicio, equidad, docente, estudiantado, enseñanza, lectura, aula de clases.

Si el docente aplica estos conceptos básicos éticos para convivir, con el estudiantado, entonces estarán alcanzando una educación de alta calidad, porque la prudencia, la justicia, el juicio, la equidad, la enseñanza, el aprendizaje, la didáctica, la psicología y el verdadero amor, con ellos y cada uno de ellos, serán una verdadera transformación, que al final de la jornada, serán unos verdaderos Profesionistas que solo harán lo correcto y así, serán unos verdaderos servidores para la comunidad donde estén. Y los docentes y maestras estarán satisfechos por la misión cumplida, y también ellos y ellas, tendrán su recompensa de alegría de amor, y al meditar en ellos, para ellos, dirán: vale la pena vivir, y convivir con el estudiantado hoy y siempre y hemos cumplido con nuestra misión, que nos ha encomendado la nación, pueblo, ciudad, y hogar y sobre todo con ellos mismos, su conciencia, su mente, su corazón y su conciencia. Pues bien, también yo como escritor, como padre de familia, como médico, y ahora me siento bien tranquilo, con mucha paz en mi interior, y se, que me faltan más peldaños por escalar, hasta el final de mi jornada y darle muchas gracias al Creador el Eterno que por él, vivo, por el escribo, por el respiro, y por el amor al prójimo, a mí mismo, a mi esposa y a mis hijos y todo aquel o aquella que vea día tras día, noche tras noche, hasta que un día mi Dios me diga, hasta aquí, ya te voy a llevar a mi refugio celestial. (tercer cielo).

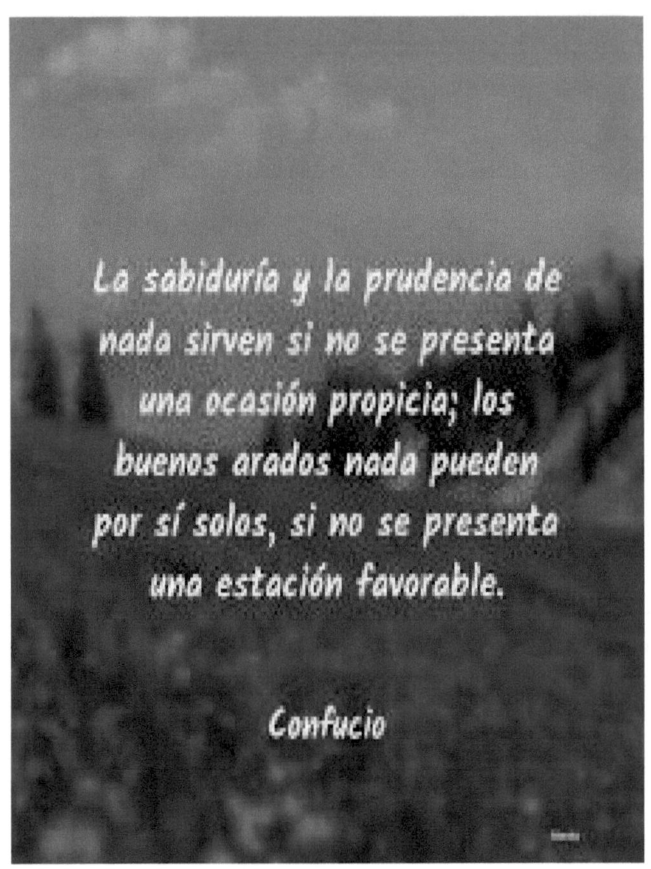
La sabiduría y la prudencia de
nada sirven si no se presenta
una ocasión propicia; los
buenos arados nada pueden
por sí solos, si no se presenta
una estación favorable.
Confucio

Recapitulación. El docente y el estudiantado en la enseñanza y aprendizaje de la lectura.

(Proverbios. Capítulo 1 versículo 3) dice así: Para recibir el consejo de prudencia, justicia, juicio y equidad). Dice así: 1:3 prudencia, justicia, juicio y equidad. Desarrollando el propósito y los términos del versículo 2ª, Proverbios emprende un proceso de instruir a un hijo en las disciplinas de:

1(La prudencia (un término hebreo diferente del traducido "sabiduría" en el versículo 2), que significa discreción en el consejo o la capacidad de gobernarse a uno mismo por decisión; 2) **justicia**, la capacidad de amoldarse a la voluntad con la justicia poseída; 3) **juicio**, la aplicación de una verdadera justicia al tratar con los demás, y 4) **equidad**, vivir de una forma honrada y agradable. prudencia, justicia, juicio, equidad, docente, estudiantado, enseñanza, lectura, aula de clases.

Si el docente aplica estos conceptos básicos éticos para convivir, con el estudiantado, entonces estarán alcanzando una educación de alta calidad, porque la prudencia, la justicia, el juicio, la equidad, la enseñanza, el aprendizaje, la didáctica, la psicología y el verdadero amor, con ellos y cada uno de ellos, serán una verdadera transformación, que al final de la jornada, serán unos verdaderos Profesionistas que solo harán lo correcto y así, serán unos verdaderos servidores para la comunidad donde estén. Y los docentes y maestras estarán satisfechos por la misión cumplida, y también ellos y ellas, tendrán su recompensa de alegría de amor, y al meditar en ellos, para ellos, dirán: vale la pena vivir, y convivir con el estudiantado hoy y siempre y hemos cumplido con nuestra misión, que nos ha encomendado la nación, pueblo, ciudad, y hogar y sobre todo con ellos mismos, su conciencia, su mente, su corazón y su conciencia. Pues bien, también yo como escritor, como padre de familia, como médico, y ahora me siento bien tranquilo, con mucha paz en mi interior, y se, que me faltan más peldaños por escalar, hasta el final de mi jornada y darle muchas gracias al Creador el Eterno que por él, vivo, por el escribo, por el respiro, y por el amor al prójimo, a mí mismo, a mi esposa y a mis hijos y todo aquel o aquella que vea día tras día, noche tras noche, hasta que un día mi Dios me diga, hasta aquí, ya te voy a llevar a mi refugio.

Proverbios de Salomón, hijo de David, rey de Israel: para aprender sabiduría y disciplina; para comprender discursos inteligentes; para adquirir instrucción y prudencia, honestidad, justicia y equidad; Proverbios 1:1-3

Resumiendo, este hermoso capitulo. El docente y el estudiantado en la enseñanza y aprendizaje de la lectura.

(Proverbios. Capítulo 1 versículo 3) dice así: Para recibir el consejo de prudencia, justicia, juicio y equidad). Dice así: 1:3 prudencia, justicia, juicio y equidad. Desarrollando el propósito y los términos del versículo 2ª, Proverbios emprende un proceso de instruir a un hijo en las disciplinas de:

1(La prudencia (un término hebreo diferente del traducido "sabiduría" en el versículo 2), que significa discreción en el consejo o la capacidad de gobernarse a uno mismo por decisión; 2) **justicia**, la capacidad de amoldarse a la voluntad con la justicia poseída; 3) **juicio**, la aplicación de una verdadera justicia al tratar con los demás, y 4) **equidad**, vivir de una forma honrada y agradable. prudencia, justicia, juicio, equidad, docente, estudiantado, enseñanza, lectura, aula de clases.

Si el docente aplica estos conceptos básicos éticos para convivir, con el estudiantado, entonces estarán alcanzando una educación de alta calidad, porque la prudencia, la justicia, el juicio, la equidad, la enseñanza, el aprendizaje, la didáctica, la psicología y el verdadero amor, con ellos y cada uno de ellos, serán una verdadera transformación, que al final de la jornada, serán unos verdaderos Profesionistas que solo harán lo correcto y así, serán unos verdaderos servidores para la comunidad donde estén. Y los docentes y maestras estarán satisfechos por la misión cumplida, y también ellos y ellas, tendrán su recompensa de alegría de amor, y al meditar en ellos, para ellos, dirán: vale la pena vivir, y convivir con el estudiantado hoy y siempre y hemos cumplido con nuestra misión, que nos ha encomendado la nación, pueblo, ciudad, y hogar y sobre todo con ellos mismos, su conciencia, su mente, su corazón y su conciencia. Pues bien, también yo como escritor, como padre de familia, como médico, y ahora me siento bien tranquilo, con mucha paz en mi interior, y se, que me faltan más peldaños por escalar, hasta el final de mi jornada y darle muchas gracias al Creador el Eterno que por él, vivo, por el escribo, por el respiro, y por el amor al prójimo, a mí mismo, a mi esposa y a mis hijos y todo aquel o aquella que vea día tras día, noche tras noche, hasta que un día mi Dios me diga, hasta aquí, ya te voy a llevar a mi refugio.

Capitulo tres.

Aprendiendo a leer, con el habito de día a día, el docente y el estudiantado, para poder estimular, el cerebro humano y el cerebro mamífero.

Resumen. Aprendiendo a leer, con el habito de día a día, el docente y el estudiantado, para poder estimular, el cerebro humano y el cerebro mamífero. Tenemos cada ser humano de los cuatro vientos, una Masa Encefálica y en ella hay tres cerebros llamados: cerebro humano y en el habitan: los atributos, como lo son: el amor, la sabiduría, la inteligencia, el poder, la consejería, el conocimiento, y le temor a Dios Eterno, y el servid a los demás, el ánimo, la amistad, las buenas costumbres, en fin, todo lo bueno está ahí. La terquedad, el levantar cuando existe una caída, el no desanimarse, luchar por llegar hasta la Cima. El querer ser cada día mejor que el día anterior, ser alguien en la vida, luchar por ser mejor cada día, ayudar al que lo necesita. Creer en un Dios supremo el Todopoderoso, único que es el Omnisciente. El inmutable, el indecible e infalible.

Palabras clave.

Leer, docente, estudiantado, cerebro humano, enseñanza, aprendizaje, terquedad, cerebro mamífero, amor, sabiduría, inteligencia, poder, consejería, conocimiento, servid, comunidad.

Introducción. Aprendiendo a leer, con el habito de día a día, el docente y el estudiantado, para poder estimular, el cerebro humano y el cerebro mamífero. Tenemos cada ser humano de los cuatro vientos, una Masa Encefálica y en ella hay tres cerebros llamados: cerebro humano y en el habitan: los atributos, como lo son: el amor, la sabiduría, la inteligencia, el poder, la consejería, el conocimiento, y le temor a Dios Eterno, y el servid a los demás, el ánimo, la amistad, las buenas costumbres, en fin, todo lo bueno está ahí. La terquedad, el levantar cuando existe una caída, el no desanimarse, luchar por llegar hasta la Cima. El querer ser cada día mejor que el día anterior, ser alguien en la vida, luchar por ser mejor cada día, ayudar al que lo necesita. Creer en un Dios supremo el Todopoderoso, único que es el Omnisciente. El inmutable, el indecible e infalible. Leer, docente, estudiantado, cerebro humano, enseñanza, aprendizaje, terquedad, cerebro mamífero, amor, sabiduría, inteligencia, poder, consejería, conocimiento, servid, comunidad. Y el cerebro mamífero-hormonal y sexual, en el esta habitada por: el ego, egocentrismo, la vanidad, mis desviaciones sexuales, la pereza cerebral y la somática, está la semilla de la iniquidad(el mal) el desorden mental y somático, la discordancia, y todo aquello que nos perjudica tanto a nuestro organismo como la mente. El no superarse, ser conformista en todo, tanto en lo espiritual como en l material. El desamor, pues si cada estudiante y docente nos ponemos a analizar. A meditar, cada amanecer, cada anochecer, y analizamos los pros y los beneficios, y ¡hacia donde vamos!, entonces esto nos dirán que rumbo debemos de tomar, y debemos de pensar que necesitamos el camino que nos beneficie a nosotros, y a cada uno para poder ser excelentes como servidores de la comunidad, que esto es el mayor objetivo de cada estudiante de cada docente de los cuatro vientos. Creo que vamos por un buen camino hasta este momento, en este hermoso capitulo, que estoy elaborando para cada estudiante, para cada docente de los cuatro vientos, de los diferentes niveles institucionales, muy bien, espero que cada estudiante tome sus responsabilidades como también cada docente, y que se les olvide, que todo, lo hacemos por amor a nuestra familia, a nuestra comunidad y sobre todo a cada estudiante y a cada docente. ¡Adelante pues todos y cada uno de nosotros!

Metodología sistemática. Aprendiendo a leer, con el habito de día a día, el docente y el estudiantado, para poder estimular, el cerebro humano y el cerebro mamífero. Tenemos cada ser humano de los cuatro vientos, una Masa Encefálica y en ella hay tres cerebros llamados: cerebro humano y en el habitan: los atributos, como lo son: el amor, la sabiduría, la inteligencia, el poder, la consejería, el conocimiento, y le temor a Dios Eterno, y el servid a los demás, el ánimo, la amistad, las buenas costumbres, en fin, todo lo bueno está ahí. La terquedad, el levantar cuando existe una caída, el no desanimarse, luchar por llegar hasta la Cima. El querer ser cada día mejor que el día anterior, ser alguien en la vida, luchar por ser mejor cada día, ayudar al que lo necesita. Creer en un Dios supremo el Todopoderoso, único que es el Omnisciente. El inmutable, el indecible e infalible. Leer, docente, estudiantado, cerebro humano, enseñanza, aprendizaje, terquedad, cerebro mamífero, amor, sabiduría, inteligencia, poder, consejería, conocimiento, servid, comunidad. Y el cerebro mamífero-hormonal y sexual, en el está habitada por: el ego, egocentrismo, la vanidad, mis desviaciones sexuales, la pereza cerebral y la somática, está la semilla de la iniquidad (el mal) el desorden mental y somático, la discordancia, y todo aquello que nos perjudica tanto a nuestro organismo como la mente. El no superarse, ser conformista en todo, tanto en lo espiritual como en l material. El desamor, pues si cada estudiante y docente nos ponemos a analizar. A meditar, cada amanecer, cada anochecer, y analizamos los pros y los beneficios, y ¡hacia donde vamos!, entonces esto nos dirán que rumbo debemos de tomar, y debemos de pensar que necesitamos el camino que nos beneficie a nosotros, y a cada uno para poder ser excelentes como servidores de la comunidad, que esto es el mayor objetivo de cada estudiante de cada docente de los cuatro vientos. Creo que vamos por un buen camino hasta este momento, en este hermoso capitulo, que estoy elaborando para cada estudiante, para cada docente de los cuatro vientos, de los diferentes niveles institucionales, muy bien, espero que cada estudiante tome sus responsabilidades como también cada docente, y que se les olvide, que todo, lo hacemos por amor a nuestra familia, a nuestra comunidad y sobre todo a cada estudiante y a cada docente. ¡Adelante pues todos y cada uno de nosotros!

Discusión.

¿Cómo podemos aprender, discernir, leer, vincular, servid a la comunidad?

¿Puede el docente vincularse con el estudiantado a través de: Leer, docente, estudiantado, cerebro humano, enseñanza, aprendizaje, terquedad, cerebro mamífero, amor, sabiduría, inteligencia, poder, consejería, conocimiento, servid, ¿comunidad?

Aprendiendo a leer, con el habito de día a día, el docente y el estudiantado, para poder estimular, el cerebro humano y el cerebro mamífero. Tenemos cada ser humano de los cuatro vientos, una Masa Encefálica y en ella hay tres cerebros llamados: cerebro humano y en el habitan: los atributos, como lo son: el amor, la sabiduría, la inteligencia, el poder, la consejería, el conocimiento, y le temor a Dios Eterno, y el servid a los demás, el ánimo, la amistad, las buenas costumbres, en fin, todo lo bueno está ahí. La terquedad, el levantar cuando existe una caída, el no desanimarse, luchar por llegar hasta la Cima. El querer ser cada día mejor que el día anterior, ser alguien en la vida, luchar por ser mejor cada día, ayudar al que lo necesita. Creer en un Dios supremo el Todopoderoso, único que es el Omnisciente. El inmutable, el indecible e infalible. Leer, docente, estudiantado, cerebro humano, enseñanza, aprendizaje, terquedad, cerebro mamífero, amor, sabiduría, inteligencia, poder, consejería, conocimiento, servid, comunidad. Y el cerebro mamífero-hormonal y sexual, en él está habitada por: el ego, egocentrismo, la vanidad, mis desviaciones sexuales, la pereza cerebral y la somática, está la semilla de la iniquidad (el mal) el desorden mental y somático, la discordancia, y todo aquello que nos perjudica tanto a nuestro organismo como la mente. El no superarse, ser conformista en todo, tanto en lo espiritual como en l material. El desamor, pues si cada estudiante y docente nos ponemos a analizar. A meditar, cada amanecer, cada anochecer, y analizamos los pros y los beneficios, y ¡hacia donde vamos!, entonces esto nos dirán que rumbo debemos de tomar, y debemos de pensar que necesitamos el camino que nos beneficie a nosotros, y a cada uno para poder ser excelentes como servidores de la comunidad.

Imagen.

Cuadro mental.

. Aprendiendo a leer, con el habito de día a día, el docente y el estudiantado, para poder estimular, el cerebro humano y el cerebro mamífero. Tenemos cada ser humano de los cuatro vientos, una Masa Encefálica y en ella hay tres cerebros llamados: cerebro humano y en el habitan: los atributos, como lo son: el amor, la sabiduría, la inteligencia, el poder, la consejería, el conocimiento, y le temor a Dios Eterno, y el servid a los demás, el ánimo, la amistad, las buenas costumbres, en fin, todo lo bueno está ahí. La terquedad, el levantar cuando existe una caída, el no desanimarse, luchar por llegar hasta la Cima. El querer ser cada día mejor que el día anterior, ser alguien en la vida, luchar por ser mejor cada día, ayudar al que lo necesita. Creer en un Dios supremo el Todopoderoso, único que es el Omnisciente. El inmutable, el indecible e infalible. Leer, docente, estudiantado, cerebro humano, enseñanza, aprendizaje, terquedad, cerebro mamífero, amor, sabiduría, inteligencia, poder, consejería, conocimiento, servid, comunidad. Y el cerebro mamífero-hormonal y sexual, en él está habitada por: el ego, egocentrismo, la vanidad, mis desviaciones sexuales, la pereza cerebral y la somática, está la semilla de la iniquidad (el mal) el desorden mental y somático, la discordancia, y todo aquello que nos perjudica tanto a nuestro organismo como la mente. El no superarse, ser conformista en todo, tanto en lo espiritual como en l material. El desamor, pues si cada estudiante y docente nos ponemos a analizar. A meditar, cada amanecer, cada anochecer, y analizamos los pros y los beneficios, y ¡hacia donde vamos!, entonces esto nos dirán que rumbo debemos de tomar, y debemos de pensar que necesitamos el camino que nos beneficie a nosotros, y a cada uno para poder ser excelentes como servidores de la comunidad, que esto es el mayor objetivo de cada estudiante de cada docente de los cuatro vientos. Creo que vamos por un buen camino hasta este momento, en este hermoso capitulo, que estoy elaborando para cada estudiante, para cada docente de los cuatro vientos, de los diferentes niveles institucionales.

Recapitulación. Aprendiendo a leer, con el habito de día a día, el docente y el estudiantado, para poder estimular, el cerebro humano y el cerebro mamífero. Tenemos cada ser humano de los cuatro vientos, una Masa Encefálica y en ella hay tres cerebros llamados: cerebro humano y en el habitan: los atributos, como lo son: el amor, la sabiduría, la inteligencia, el poder, la consejería, el conocimiento, y le temor a Dios Eterno, y el servid a los demás, el ánimo, la amistad, las buenas costumbres, en fin, todo lo bueno está ahí. La terquedad, el levantar cuando existe una caída, el no desanimarse, luchar por llegar hasta la Cima. El querer ser cada día mejor que el día anterior, ser alguien en la vida, luchar por ser mejor cada día, ayudar al que lo necesita. Creer en un Dios supremo el Todopoderoso, único que es el Omnisciente. El inmutable, el indecible e infalible. Leer, docente, estudiantado, cerebro humano, enseñanza, aprendizaje, terquedad, cerebro mamífero, amor, sabiduría, inteligencia, poder, consejería, conocimiento, servid, comunidad. Y el cerebro mamífero-hormonal y sexual, en él está habitada por: el ego, egocentrismo, la vanidad, mis desviaciones sexuales, la pereza cerebral y la somática, está la semilla de la iniquidad (el mal) el desorden mental y somático, la discordancia, y todo aquello que nos perjudica tanto a nuestro organismo como la mente. El no superarse, ser conformista en todo, tanto en lo espiritual como en l material. El desamor, pues si cada estudiante y docente nos ponemos a analizar. A meditar, cada amanecer, cada anochecer, y analizamos los pros y los beneficios, y ¡hacia donde vamos!, entonces esto nos dirán que rumbo debemos de tomar, y debemos de pensar que necesitamos el camino que nos beneficie a nosotros, y a cada uno para poder ser excelentes como servidores de la comunidad, que esto es el mayor objetivo de cada estudiante de cada docente de los cuatro vientos. Creo que vamos por un buen camino hasta este momento, en este hermoso capitulo, que estoy elaborando para cada estudiante, para cada docente de los cuatro vientos, de los diferentes niveles institucionales, muy bien, espero que cada estudiante tome sus responsabilidades como también cada docente, y que se les olvide, que todo, lo hacemos por amor a nuestra familia, a nuestra comunidad y sobre todo a cada estudiante y a cada docente. ¡Adelante pues todos y cada uno de nosotros!

Imagen.

Resumiendo. ¿Cómo podemos aprender, discernir, leer, vincular, servid a la comunidad?

¿Puede el docente vincularse con el estudiantado a través de: Leer, docente, estudiantado, cerebro humano, enseñanza, aprendizaje, terquedad, cerebro mamífero, amor, sabiduría, inteligencia, poder, consejería, conocimiento, servid, ¿comunidad?

Aprendiendo a leer, con el habito de día a día, el docente y el estudiantado, para poder estimular, el cerebro humano y el cerebro mamífero. Tenemos cada ser humano de los cuatro vientos, una Masa Encefálica y en ella hay tres cerebros llamados: cerebro humano y en el habitan: los atributos, como lo son: el amor, la sabiduría, la inteligencia, el poder, la consejería, el conocimiento, y le temor a Dios Eterno, y el servid a los demás, el ánimo, la amistad, las buenas costumbres, en fin, todo lo bueno está ahí. La terquedad, el levantar cuando existe una caída, el no desanimarse, luchar por llegar hasta la Cima. El querer ser cada día mejor que el día anterior, ser alguien en la vida, luchar por ser mejor cada día, ayudar al que lo necesita. Creer en un Dios supremo el Todopoderoso, único que es el Omnisciente. El inmutable, el indecible e infalible. Leer, docente, estudiantado, cerebro humano, enseñanza, aprendizaje, terquedad, cerebro mamífero, amor, sabiduría, inteligencia, poder, consejería, conocimiento, servid, comunidad. Y el cerebro mamífero-hormonal y sexual, en él está habitada por: el ego, egocentrismo, la vanidad, mis desviaciones sexuales, la pereza cerebral y la somática, está la semilla de la iniquidad (el mal) el desorden mental y somático, la discordancia, y todo aquello que nos perjudica tanto a nuestro organismo como la mente. El no superarse, ser conformista en todo, tanto en lo espiritual como en l material. El desamor, pues si cada estudiante y docente nos ponemos a analizar. A meditar, cada amanecer, cada anochecer, y analizamos los pros y los beneficios, y ¡hacia donde vamos!, entonces esto nos dirán que rumbo debemos de tomar, y debemos de pensar que necesitamos el camino que nos beneficie a nosotros, y a cada uno para poder ser excelentes como servidores de la comunidad.

Capitulo cuatro.

Cada un ser humano de los cuatro vientos, hemos nacido con todas las herramientas necesarias para decir un: No o un , Si. (Masa Encefálica).

Resumen. Cada un ser humano de los cuatro vientos, hemos nacido con todas las herramientas necesarias para decir un No o un Si. (Masa Encefálica). La Masa encefálica esta integrada por tres cerebros, el primero es el cerebro mamífero, el cerebro segundo es el cerebro mamífero- hormonal y sexual y el tercer cerebro es el esta en al parte inferior de la cada posterior, y su función es sobrevivir, es decir es el instinto de sobrevivencia que es capaz de matar para poder sobrevivir.

Palabras clave.

Nacer, masa encefálica, tres cerebros: cerebro humano, cerebro mamífero, y cerebro instinto (sobrevivencia) amor, sabiduría, inteligencia, poder, consejería, conocimiento, espíritu- conciencia. Egoísmo, ególatra, egocéntrico, maldad, robar, arrogancia, malicia, iniquidad, desviaciones sexuales, y matar por sobrevivir.

Introducción. Cada un ser humano de los cuatro vientos, hemos nacido con todas las herramientas necesarias para decir un No o un Si. (Masa Encefálica). La Masa encefálica está integrada por tres cerebros, el primero es el cerebro mamífero, el cerebro segundo es el cerebro mamífero- hormonal y sexual y el tercer cerebro es el está en la parte inferior de la cada posterior, y su función es sobrevivir, es decir es el instinto de sobrevivencia que es capaz de matar para poder sobrevivir. Nacer, masa encefálica, tres cerebros: cerebro humano, cerebro mamífero, y cerebro instinto (sobrevivencia) amor, sabiduría, inteligencia, poder, consejería, conocimiento, espíritu- conciencia. Egoísmo, ególatra, egocéntrico, maldad, robar, arrogancia, malicia, iniquidad, desviaciones sexuales, y matar por sobrevivir. Ya depende de cada estudiante de cada docente, de ¡cada persona, que decida que hacer con su vida diaria, hasta que deje de respirar, pero hay muchas personas, estudiantes y docentes, que no saben que hacer!, ¡como que necesitan ayuda! Y la ayuda viene del Creador- Dios el Todopoderoso, el que e Omnisciente, que todo lo saber, si lo pedimos de todos corazón-mente, y que nuestro espíritu -conciencia sea humilde, de en verdad, entonces Dos viene sobra cada persona, ya sea estudiante, ya sea docente, ya sea otra persona no importa la edad que tengamos, el viene a ayudarnos, pero si lo pedimos, a medias, él sabe, que estamos mintiendo, que no le creemos, pues bien así, no hay resultados positivos. De parte de Dios. Al parecer domina el cerebro mamífero- hormonal y sexual y claro que ahí se anida: el desamor, la envidia, el egoísmo, el egocéntrico ,través de la historia de la humanidad, hasta hoy día, también se anida la pereza somática y cerebral, y nos descuidamos estos factores negativos, dominarán al cerebro humano, como si fuera anestesia, y es cuando el estudiante y el docente, no meditan, no reflexionan, y sus pensamientos son de simplicidad, y por ende no llegan a un pensamiento complejo y claro que así, no hay ayuda para la comunidad. Pero si hoy día, queremos cambiar, les invito al estudiantado de los cuatro vientos, y al docente, que hagamos un cambo interno hoy, y le podemos pedir ayuda al Dios el Altísimo, y con él al Espíritu Santo y claro a Jesucristo, que nos ayuden, en nuestra integridad, y los pensamientos van a fluir en nuestro cerebro humano, y ahí, habrá el inicio de un cambio interno y externo.

Metodología sistemática. Cada un ser humano de los cuatro vientos, hemos nacido con todas las herramientas necesarias para decir un No o un Si. (Masa Encefálica). La Masa encefálica está integrada por tres cerebros, el primero es el cerebro mamífero, el cerebro segundo es el cerebro mamífero- hormonal y sexual y el tercer cerebro es él está en la parte inferior de la cada posterior, y su función es sobrevivir, es decir es el instinto de sobrevivencia que es capaz de matar para poder sobrevivir. Nacer, masa encefálica, tres cerebros: cerebro humano, cerebro mamífero, y cerebro instinto (sobrevivencia) amor, sabiduría, inteligencia, poder, consejería, conocimiento, espíritu- conciencia. Egoísmo, ególatra, egocéntrico, maldad, robar, arrogancia, malicia, iniquidad, desviaciones sexuales, y matar por sobrevivir. Ya depende de cada estudiante de cada docente, de ¡cada persona, que decida qué hacer con su vida diaria, hasta que deje de respirar, pero hay muchas personas, estudiantes y docentes, que no saben que hacer!, ¡como que necesitan ayuda! Y la ayuda viene del Creador- Dios el Todopoderoso, que es: Omnisciente, que todo lo saber, si lo pedimos de todos corazón-mente, y que nuestro espíritu - conciencia sea humilde, de en verdad, entonces Dos viene sobra cada persona, ya sea estudiante, ya sea docente, ya sea otra persona no importa la edad que tengamos, el viene a ayudarnos, pero si lo pedimos, a medias, él sabe, que estamos mintiendo, que no le creemos, pues bien, así, no hay resultados positivos. De parte de Dios. Al parecer domina el cerebro mamífero- hormonal y sexual y claro que ahí se anida: el desamor, la envidia, el egoísmo, el egocéntrico ,través de la historia de la humanidad, hasta hoy día, también se anida la pereza somática y cerebral, y nos descuidamos estos factores negativos, dominarán al cerebro humano, como si fuera anestesia, y es cuando el estudiante y el docente, no meditan, no reflexionan, y sus pensamientos son de simplicidad, y por ende no llegan a un pensamiento complejo y claro que así, no hay ayuda para la comunidad. Pero si hoy día, queremos cambiar, les invito al estudiantado de los cuatro vientos, y al docente, que hagamos un cambo interno hoy, y le podemos pedir ayuda al Dios el Altísimo, y con él al Espíritu Santo y claro a Jesucristo, que nos ayuden, en nuestra integridad, y los pensamientos van a fluir en nuestro cerebro humano, y ahí, habrá el inicio de un cambio interno y externo.

Imagen.

No huyas
del Amor,
huye
más
bien
del
egoísmo
que se disfraza de Amor...

Discusión. Cada un ser humano de los cuatro vientos, hemos nacido con todas las herramientas necesarias para decir un No o un Si. (Masa Encefálica). La Masa encefálica está integrada por tres cerebros, el primero es el cerebro mamífero, el cerebro segundo es el cerebro mamífero- hormonal y sexual y el tercer cerebro es el está en la parte inferior de la cada posterior, y su función es sobrevivir, es decir es el instinto de sobrevivencia que es capaz de matar para poder sobrevivir. Nacer, masa encefálica, tres cerebros: cerebro humano, cerebro mamífero, y cerebro instinto (sobrevivencia) amor, sabiduría, inteligencia, poder, consejería, conocimiento, espíritu- conciencia. Egoísmo, ególatra, egocéntrico, maldad, robar, arrogancia, malicia, iniquidad, desviaciones sexuales, y matar por sobrevivir. Ya depende de cada estudiante de cada docente, de ¡cada persona, que decida qué hacer con su vida diaria, hasta que deje de respirar, pero hay muchas personas, estudiantes y docentes, que no saben que hacer!, ¡como que necesitan ayuda! Y la ayuda viene del Creador- Dios el Todopoderoso, el que e Omnisciente, que todo lo saber, si lo pedimos de todos corazón-mente, y que nuestro espíritu -conciencia sea humilde, de en verdad, entonces Dos viene sobra cada persona, ya sea estudiante, ya sea docente, ya sea otra persona no importa la edad que tengamos, el viene a ayudarnos, pero si lo pedimos, a medias, él sabe, que estamos mintiendo, que no le creemos, pues bien, así, no hay resultados positivos. De parte de Dios. Al parecer domina el cerebro mamífero- hormonal y sexual y claro que ahí se anida: el desamor, la envidia, el egoísmo, el egocéntrico ,través de la historia de la humanidad, hasta hoy día, también se anida la pereza somática y cerebral, y nos descuidamos estos factores negativos, dominarán al cerebro humano, como si fuera anestesia, y es cuando el estudiante y el docente, no meditan, no reflexionan, y sus pensamientos son de simplicidad, y por ende no llegan a un pensamiento complejo y claro que así, no hay ayuda para la comunidad. Pero si hoy día, queremos cambiar, les invito al estudiantado de los cuatro vientos, y al docente, que hagamos un cambo interno hoy, y le podemos pedir ayuda al Dios el Altísimo, y con él al Espíritu Santo y claro a Jesucristo, que nos ayuden, en nuestra integridad, y los pensamientos van a fluir en nuestro cerebro humano, y ahí, habrá el inicio de un cambio interno y externo.

Imagen.

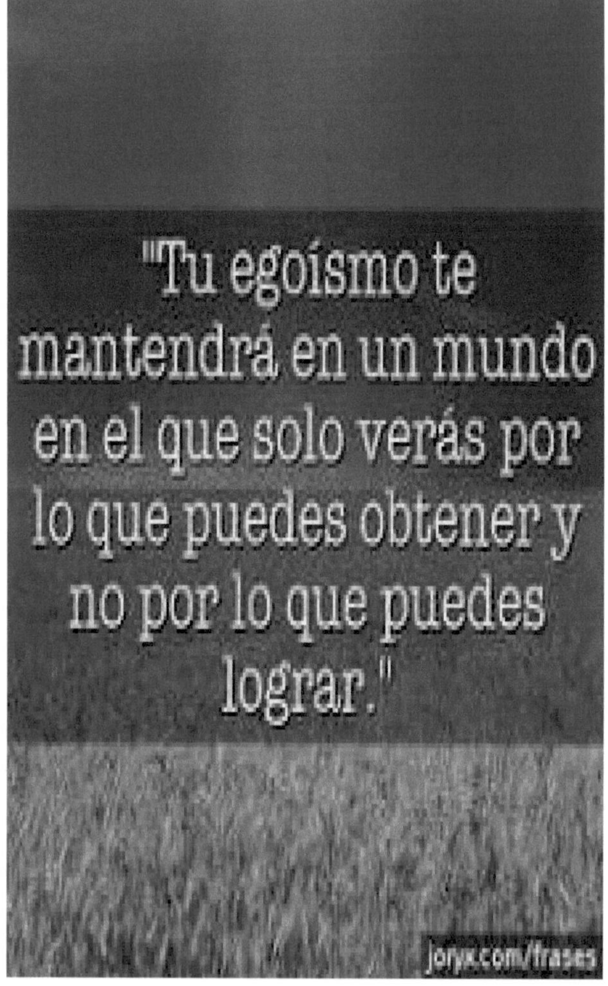
"Tu egoísmo te mantendrá en un mundo en el que solo verás por lo que puedes obtener y no por lo que puedes lograr."
joryx.com/frases

Cuadro mental.

Cada un ser humano de los cuatro vientos, hemos nacido con todas las herramientas necesarias para decir un No o un Si. (Masa Encefálica). La Masa encefálica está integrada por tres cerebros, el primero es el cerebro mamífero, el cerebro segundo es el cerebro mamífero- hormonal y sexual y el tercer cerebro es él está en la parte inferior de la cada posterior, y su función es sobrevivir, es decir es el instinto de sobrevivencia que es capaz de matar para poder sobrevivir. Nacer, masa encefálica, tres cerebros: cerebro humano, cerebro mamífero, y cerebro instinto (sobrevivencia) amor, sabiduría, inteligencia, poder, consejería, conocimiento, espíritu- conciencia. Egoísmo, ególatra, egocéntrico, maldad, robar, arrogancia, malicia, iniquidad, desviaciones sexuales, y matar por sobrevivir. Ya depende de cada estudiante de cada docente, de ¡cada persona, que decida qué hacer con su vida diaria, hasta que deje de respirar, pero hay muchas personas, estudiantes y docentes, que no saben que hacer!, ¡como que necesitan ayuda! Y la ayuda viene del Creador- Dios el Todopoderoso, el que e Omnisciente, que todo lo saber, si lo pedimos de todos corazón-mente, y que nuestro espíritu -conciencia sea humilde, de en verdad, entonces Dos viene sobra cada persona, ya sea estudiante, ya sea docente, ya sea otra persona no importa la edad que tengamos, el viene a ayudarnos, pero si lo pedimos, a medias, él sabe, que estamos mintiendo, que no le creemos, pues bien, así, no hay resultados positivos. De parte de Dios. Al parecer domina el cerebro mamífero-hormonal y sexual y claro que ahí se anida: el desamor, la envidia, el egoísmo, el egocéntrico ,través de la historia de la humanidad, hasta hoy día, también se anida la pereza somática y cerebral, y nos descuidamos estos factores negativos, dominarán al cerebro humano, como si fuera anestesia, y es cuando el estudiante y el docente, no meditan, no reflexionan, y sus pensamientos son de simplicidad, y por ende no llegan a un pensamiento complejo .

Recapitulación. Cada un ser humano de los cuatro vientos, hemos nacido con todas las herramientas necesarias para decir un No o un Si. (Masa Encefálica). La Masa encefálica está integrada por tres cerebros, el primero es el cerebro mamífero, el cerebro segundo es el cerebro mamífero- hormonal y sexual y el tercer cerebro es el está en la parte inferior de la cada posterior, y su función es sobrevivir, es decir es el instinto de sobrevivencia que es capaz de matar para poder sobrevivir. Nacer, masa encefálica, tres cerebros: cerebro humano, cerebro mamífero, y cerebro instinto (sobrevivencia) amor, sabiduría, inteligencia, poder, consejería, conocimiento, espíritu- conciencia. Egoísmo, ególatra, egocéntrico, maldad, robar, arrogancia, malicia, iniquidad, desviaciones sexuales, y matar por sobrevivir. Ya depende de cada estudiante de cada docente, de ¡cada persona, que decida qué hacer con su vida diaria, hasta que deje de respirar, pero hay muchas personas, estudiantes y docentes, que no saben que hacer!, ¡como que necesitan ayuda! Y la ayuda viene del Creador- Dios el Todopoderoso, el que e Omnisciente, que todo lo saber, si lo pedimos de todos corazón-mente, y que nuestro espíritu -conciencia sea humilde, de en verdad, entonces Dos viene sobra cada persona, ya sea estudiante, ya sea docente, ya sea otra persona no importa la edad que tengamos, el viene a ayudarnos, pero si lo pedimos, a medias, él sabe, que estamos mintiendo, que no le creemos, pues bien, así, no hay resultados positivos. De parte de Dios. Al parecer domina el cerebro mamífero- hormonal y sexual y claro que ahí se anida: el desamor, la envidia, el egoísmo, el egocéntrico ,través de la historia de la humanidad, hasta hoy día, también se anida la pereza somática y cerebral, y nos descuidamos estos factores negativos, dominarán al cerebro humano, como si fuera anestesia, y es cuando el estudiante y el docente, no meditan, no reflexionan, y sus pensamientos son de simplicidad, y por ende no llegan a un pensamiento complejo y claro que así, no hay ayuda para la comunidad. Pero si hoy día, queremos cambiar, les invito al estudiantado de los cuatro vientos, y al docente, que hagamos un cambo interno hoy, y le podemos pedir ayuda al Dios el Altísimo, y con él al Espíritu Santo y claro a Jesucristo, que nos ayuden, en nuestra integridad, y los pensamientos van a fluir en nuestro cerebro humano, y ahí, habrá el inicio de un cambio interno y externo.

Imagen.

LOVE
Hay gente tan
egoista que
nunca conocerá
el significado
de la palabra
amor.
Lucca Capiotto

Cómo tratar con gente difícil
es un arte que puede
aprenderse siempre y cuando
exista decisión, disposición
y práctica constante.

Capitulo cinco. Para poder integrar al docente con el estudiantado, se necesita mucho coraje, terquead, amor, sabiduría e inteligencia, para poder enlazar, desenlazar, y re enlazar la vinculación de la enseñanza y aprendizaje.

Resumen.

Para poder integrar al docente con el estudiantado, se necesita mucho coraje, terquead, amor, sabiduría e inteligencia, para poder enlazar, desenlazar, y re enlazar la vinculación de la enseñanza y aprendizaje. Es por ello, que estoy de acuerdo con el estudiantado y el docente (maestro y maestra) que luchan día tras día, noche tras noche para que exista una verdadera vinculación en el salón de clases, para que el estudiantado reenlace, con el docente en la reflexión, mediación, analizando los conceptos que se enlazan en la enseñanza y aprendizaje ser con el fin de que exista una educación de alta calidad en todos los rubros y niveles de la enseñanza escolar. Me uno con ellos y ellas , para poder llegar a una enseñanza de alta calidad y, la unión de ellos y ellas, que quieren un cambio interior y externo cada día, a través de los tres cerebros que integran la :Masa Encefálica de cada estudiante y decirles que , hoy día, que si se puede cuando hay: Coraje de superación cuando hay emoción sincera, cuando hay un estímulo se superación de leer correctamente , que nos enamoremos de la lectura letra tras letra, oración tras oración , que los verbos son de suma importancia para que exista los verbos que hacen que haya : enlaces, des enlace y re enlaces en la lectura y el cerebro de cada estudiante con ello y verán la luz del saber, junto a ella la sabiduría de la inteligencia y del conciencia , a través de la lectura, bendita lectura.

Palabras clave.

Para poder integrar al docente con el estudiantado, se necesita mucho coraje, terquead, amor, sabiduría e inteligencia, para poder enlazar, desenlazar, y re enlazar la vinculación de la enseñanza y aprendizaje.

Introducción.

Para poder integrar al docente con el estudiantado, se necesita mucho coraje, terquead, amor, sabiduría e inteligencia, para poder enlazar, desenlazar, y re enlazar la vinculación de la enseñanza y aprendizaje. Es por ello, que estoy de acuerdo con el estudiantado y el docente (maestro y maestra) que luchan día tras día, noche tras noche para que exista una verdadera vinculación en el salón de clases, para que el estudiantado reenlace, con el docente en la reflexión, mediación, analizando los conceptos que se enlazan en la enseñanza y aprendizaje ser con el fin de que exista una educación de alta calidad en todos los rubros y niveles de la enseñanza escolar. Me uno con ellos y ellas , para poder llegar a una enseñanza de alta calidad y, la unión de ellos y ellas, que quieren un cambio interior y externo cada día, a través de los tres cerebros que integran la :Masa Encefálica de cada estudiante y decirles que , hoy día, que si se puede cuando hay: Coraje de superación cuando hay emoción sincera, cuando hay un estímulo se superación de leer correctamente , que nos enamoremos de la lectura letra tras letra, oración tras oración , que los verbos son de suma importancia para que exista los verbos que hacen que haya : enlaces, des enlace y re enlaces en la lectura y el cerebro de cada estudiante con ello y verán la luz del saber, junto a ella la sabiduría de la inteligencia y del conciencia , a través de la lectura, bendita lectura. Y para ello necesitamos las: palabras clave para poder estar enlazados, y que no exista distorsión de palabras. Y solo poder llegar a una enseñanza de alta calidad en cualquier nivel educativo de los cuatro vientos.

Para poder integrar al docente con el estudiantado, se necesita mucho coraje, terquead, amor, sabiduría e inteligencia, para poder enlazar, desenlazar, y re enlazar la vinculación de la enseñanza y aprendizaje.

Metodología sistemática. Para poder integrar al docente con el estudiantado, se necesita mucho coraje, terquead, amor, sabiduría e inteligencia, para poder enlazar, desenlazar, y re enlazar la vinculación de la enseñanza y aprendizaje. Es por ello, que estoy de acuerdo con el estudiantado y el docente (maestro y maestra) que luchan día tras día, noche tras noche para que exista una verdadera vinculación en el salón de clases, para que el estudiantado reenlace, con el docente en la reflexión, mediación, analizando los conceptos que se enlazan en la enseñanza y aprendizaje ser con el fin de que exista una educación de alta calidad en todos los rubros y niveles de la enseñanza escolar. Me uno con ellos y ellas , para poder llegar a una enseñanza de alta calidad y, la unión de ellos y ellas, que quieren un cambio interior y externo cada día, a través de los tres cerebros que integran la :Masa Encefálica de cada estudiante y decirles que , hoy día, que si se puede cuando hay: Coraje de superación cuando hay emoción sincera, cuando hay un estímulo se superación de leer correctamente , que nos enamoremos de la lectura letra tras letra, oración tras oración , que los verbos son de suma importancia para que exista los verbos que hacen que haya : enlaces, des enlace y re enlaces en la lectura y el cerebro de cada estudiante con ello y verán la luz del saber, junto a ella la sabiduría de la inteligencia y del conciencia , a través de la lectura, bendita lectura. Y para ello necesitamos las: palabras clave para poder estar enlazados, y que no exista distorsión de palabras. Y solo poder llegar a una enseñanza de alta calidad en cualquier nivel educativo de los cuatro vientos. Para poder integrar al docente con el estudiantado, se necesita mucho coraje, terquead, amor, sabiduría e inteligencia, para poder enlazar, desenlazar, y re enlazar la vinculación de la enseñanza y aprendizaje.

Imagen.

Nunca dejes que tu estado de ánimo afecta tus modales.

Discusión.

Para poder integrar al docente con el estudiantado, se necesita mucho coraje, terquead, amor, sabiduría e inteligencia, para poder enlazar, desenlazar, y re enlazar la vinculación de la enseñanza y aprendizaje. Es por ello, que estoy de acuerdo con el estudiantado y el docente (maestro y maestra) que luchan día tras día, noche tras noche para que exista una verdadera vinculación en el salón de clases, para que el estudiantado reenlace, con el docente en la reflexión, mediación, analizando los conceptos que se enlazan en la enseñanza y aprendizaje ser con el fin de que exista una educación de alta calidad en todos los rubros y niveles de la enseñanza escolar. Me uno con ellos y ellas , para poder llegar a una enseñanza de alta calidad y, la unión de ellos y ellas, que quieren un cambio interior y externo cada día, a través de los tres cerebros que integran la :Masa Encefálica de cada estudiante y decirles que , hoy día, que si se puede cuando hay: Coraje de superación cuando hay emoción sincera, cuando hay un estímulo se superación de leer correctamente , que nos enamoremos de la lectura letra tras letra, oración tras oración , que los verbos son de suma importancia para que exista los verbos que hacen que haya : enlaces, des enlace y re enlaces en la lectura y el cerebro de cada estudiante con ello y verán la luz del saber, junto a ella la sabiduría de la inteligencia y del conciencia , a través de la lectura, bendita lectura. Y para ello necesitamos las: palabras clave para poder estar enlazados, y que no exista distorsión de palabras. Y solo poder llegar a una enseñanza de alta calidad en cualquier nivel educativo de los cuatro vientos.

Imagen.

Cuadro mental.

Para poder integrar al docente con el estudiantado, se necesita mucho coraje, terquead, amor, sabiduría e inteligencia, para poder enlazar, desenlazar, y re enlazar la vinculación de la enseñanza y aprendizaje. Es por ello, que estoy de acuerdo con el estudiantado y el docente (maestro y maestra) que luchan día tras día, noche tras noche para que exista una verdadera vinculación en el salón de clases, para que el estudiantado reenlace, con el docente en la reflexión, mediación, analizando los conceptos que se enlazan en la enseñanza y aprendizaje ser con el fin de que exista una educación de alta calidad en todos los rubros y niveles de la enseñanza escolar. Me uno con ellos y ellas , para poder llegar a una enseñanza de alta calidad y, la unión de ellos y ellas, que quieren un cambio interior y externo cada día, a través de los tres cerebros que integran la :Masa Encefálica de cada estudiante y decirles que , hoy día, que si se puede cuando hay: Coraje de superación cuando hay emoción sincera, cuando hay un estímulo se superación de leer correctamente , que nos enamoremos de la lectura letra tras letra, oración tras oración , que los verbos son de suma importancia para que exista los verbos que hacen que haya : enlaces, des enlace y re enlaces en la lectura y el cerebro de cada estudiante con ello y verán la luz del saber, junto a ella la sabiduría de la inteligencia y del conciencia , a través de la lectura, bendita lectura. Y para ello necesitamos las: palabras clave para poder estar enlazados, y que no exista distorsión de palabras. Y solo poder llegar a una enseñanza de alta calidad en cualquier nivel educativo de los cuatro vientos.

Recapitulación.

Para poder integrar al docente con el estudiantado, se necesita mucho coraje, terquead, amor, sabiduría e inteligencia, para poder enlazar, desenlazar, y re enlazar la vinculación de la enseñanza y aprendizaje. Es por ello, que estoy de acuerdo con el estudiantado y el docente (maestro y maestra) que luchan día tras día, noche tras noche para que exista una verdadera vinculación en el salón de clases, para que el estudiantado reenlace, con el docente en la reflexión, mediación, analizando los conceptos que se enlazan en la enseñanza y aprendizaje ser con el fin de que exista una educación de alta calidad en todos los rubros y niveles de la enseñanza escolar. Me uno con ellos y ellas , para poder llegar a una enseñanza de alta calidad y, la unión de ellos y ellas, que quieren un cambio interior y externo cada día, a través de los tres cerebros que integran la :Masa Encefálica de cada estudiante y decirles que , hoy día, que si se puede cuando hay: Coraje de superación cuando hay emoción sincera, cuando hay un estímulo se superación de leer correctamente , que nos enamoremos de la lectura letra tras letra, oración tras oración , que los verbos son de suma importancia para que exista los verbos que hacen que haya : enlaces, des enlace y re enlaces en la lectura y el cerebro de cada estudiante con ello y verán la luz del saber, junto a ella la sabiduría de la inteligencia y del conciencia , a través de la lectura, bendita lectura. Y para ello necesitamos las: palabras clave para poder estar enlazados, y que no exista distorsión de palabras. Y solo poder llegar a una enseñanza de alta calidad en cualquier nivel educativo de los cuatro vientos. Para poder integrar al docente con el estudiantado, se necesita mucho coraje, terquead, amor, sabiduría e inteligencia, para poder enlazar, desenlazar, y re enlazar la vinculación de la enseñanza y aprendizaje. Así que, debeos de iniciar hoy el proceso de una excelente enseñanza y aprendizaje con mucho coraje de superación, de terquedad, de sabiduría, e inteligencia, de consejería y poder y del conocimiento y sobre con la ayuda del Creador- Dios el Eterno, en Omnisciente.

SIETE PASOS PARA LLEGAR
A UNA ENSEÑANZA-APRENDIZAJE
ARMANDO BARRAZA CUÉLLAR

Resumiendo, este hermoso capitulo.

Para poder integrar al docente con el estudiantado, se necesita mucho coraje, terquead, amor, sabiduría e inteligencia, para poder enlazar, desenlazar, y re enlazar la vinculación de la enseñanza y aprendizaje. Es por ello, que estoy de acuerdo con el estudiantado y el docente (maestro y maestra) que luchan día tras día, noche tras noche para que exista una verdadera vinculación en el salón de clases, para que el estudiantado reenlace, con el docente en la reflexión, mediación, analizando los conceptos que se enlazan en la enseñanza y aprendizaje ser con el fin de que exista una educación de alta calidad en todos los rubros y niveles de la enseñanza escolar. Me uno con ellos y ellas , para poder llegar a una enseñanza de alta calidad y, la unión de ellos y ellas, que quieren un cambio interior y externo cada día, a través de los tres cerebros que integran la :Masa Encefálica de cada estudiante y decirles que , hoy día, que si se puede cuando hay: Coraje de superación cuando hay emoción sincera, cuando hay un estímulo se superación de leer correctamente , que nos enamoremos de la lectura letra tras letra, oración tras oración , que los verbos son de suma importancia para que exista los verbos que hacen que haya : enlaces, des enlace y re enlaces en la lectura y el cerebro de cada estudiante con ello y verán la luz del saber, junto a ella la sabiduría de la inteligencia y del conciencia , a través de la lectura, bendita lectura. Y para ello necesitamos las: palabras clave para poder estar enlazados, y que no exista distorsión de palabras. Y solo poder llegar a una enseñanza de alta calidad en cualquier nivel educativo de los cuatro vientos. Para poder integrar al docente con el estudiantado, se necesita mucho coraje, terquead, amor, sabiduría e inteligencia, para poder enlazar, desenlazar, y re enlazar la vinculación de la enseñanza y aprendizaje.

Capitulo seis.

Si te falta sabiduría e inteligencia, consejería poder, conocimiento acuda al: Creador el Dios, que te escucha y te da lo que tú le pidas. (Sabiduría de Dios: Incomparable: Isaías. 44:7; Jeremías. 10:7).

Resumen. Si te falta sabiduría e inteligencia, consejería poder, conocimiento acuda al: Creador el Dios, que te escucha y te da lo que tú le pidas. (Sabiduría de Dios: Incomparable: Isaías. 44:7; Jeremías. 10:7). Isaías. 44:7 dice así: ¿Y quién proclamará lo venidero, lo declarará, y lo pondrá en orden delante de mí, como hago yo desde que establecí el pueblo antiguo? Anúncienles lo que viene, y lo que está por venir. **44:7 lo declarara...Anúncienles.** Si los ídolos pueden predecir "lo que viene, y lo que está por venir", que lo hagan con precisión, como el Señor lo ha hecho. Como los judíos han recibido predicciones del futuro desde que Dios los escogió como su pueblo, estar calificados para ser sus testigos (versículo 8). **Jeremías. 10:7** dice así: ¿Quién no te temerá, oh Rey de las naciones? Porque a ti es debido el temor; porque entre todos los sabios de las naciones y en todos sus reinos, no hay semejante a ti. **10:7 Rey.** Dios quien en su soberanía creo y controla todas las cosas (cp. vv. 12, 16; Dt. 4:25), es el único Dios eterno y viviente (cp. Salmo. 47, 145), digno de confianza absoluta. En cambio, los ídolos terrenales tienen que ser fabricados por los hombres (v.9) y perecerán (v. 15).

Palabras clave.

Sabiduría, Dios, hombre, ídolos, inteligencia, (Sabiduría de Dios es incomparable). Estudiante, docentes cuatro vientos.

Introducción. Si te falta sabiduría e inteligencia, consejería poder, conocimiento acuda al: Creador el Dios, que te escucha y te da lo que tú le pidas. (Sabiduría de Dios: Incomparable: Isaías. 44:7; Jeremías. 10:7). Isaías. 44:7 dice así: ¿Y quién proclamará lo venidero, lo declarará, y lo pondrá en orden delante de mí, como hago yo desde que establecí el pueblo antiguo? Anúncienles lo que viene, y lo que está por venir. **44:7 lo declarara...Anúncienles.** Si los ídolos pueden predecir "lo que viene, y lo que está por venir", que lo hagan con precisión, como el Señor lo ha hecho. Como los judíos han recibido predicciones del futuro desde que Dios los escogió como su pueblo, estar calificados para ser sus testigos (versículo 8). **Jeremías. 10:7** dice así: ¿Quién no te temerá, oh Rey de las naciones? Porque a ti es debido el temor; porque entre todos los sabios de las naciones y en todos sus reinos, no hay semejante a ti. **10:7 Rey.** Dios quien en su soberanía creo y controla todas las cosas (cp. vv. 12, 16; Dt. 4:25), es el único Dios eterno y viviente (cp. Salmo. 47, 145), digno de confianza absoluta. En cambio, los ídolos terrenales tienen que ser fabricados por los hombres (v.9) y perecerán (v. 15). Sabiduría, Dios, hombre, ídolos, inteligencia, (Sabiduría de Dios es incomparable). Estudiante, docentes cuatro vientos. Si el estudiante y el docente, se analizan, y meditan, que cada ser humano llegara un día que nos tenemos de ir a otro mundo, es decir al morir la persona, deja de trabajar el cuerpo que está hecho de materia orgánica e inorgánica, y que en su interior estamos hechos de todos los químicos que están en la tabla periódica que usan los químicos, biólogos, y que estamos hechos, de materia como lo está hecha la tierra, es por ello que cada ser humano que muere, esa materia orgánica e inorgánica debe de ir hacia abajo de la tierra, por ello se dice. Polvo eres y polvo te convertirás. Y lo espira por la boca de la persona moribunda, es materia inmortal que es (alma y espíritu son sustancias inmortales). Muy bien, tenemos sabiduría e inteligencia en nuestro cerebro, pero es sabiduría humana, y necesitamos también sabiduría espiritual (lo sobrenatural) y eso lo da Dios, si el estudiante y docente se lo piden de todo corazón-mente y que su espíritu -conciencia sea humilde en verdad, entonces Dios le brinda un poco de su sabiduría e inteligencia.

Metodología sistemática. Si te falta sabiduría e inteligencia, consejería poder, conocimiento acuda al: Creador el Dios, que te escucha y te da lo que tú le pidas. (Sabiduría de Dios: Incomparable: Isaías. 44:7; Jeremías. 10:7). Isaías. 44:7 dice así: ¿Y quién proclamará lo venidero, lo declarará, y lo pondrá en orden delante de mí, como hago yo desde que establecí el pueblo antiguo? Anúncienles lo que viene, y lo que está por venir. **44:7 lo declarara...Anúncienles.** Si los ídolos pueden predecir "lo que viene, y lo que está por venir", que lo hagan con precisión, como el Señor lo ha hecho. Como los judíos han recibido predicciones del futuro desde que Dios los escogió como su pueblo, estar calificados para ser sus testigos (versículo 8). **Jeremías. 10:7** dice así: ¿Quién no te temerá, oh Rey de las naciones? Porque a ti es debido el temor; porque entre todos los sabios de las naciones y en todos sus reinos, no hay semejante a ti. **10:7 Rey.** Dios quien en su soberanía creo y controla todas las cosas (cp. vv. 12, 16; Dt. 4:25), es el único Dios eterno y viviente (cp. Salmo. 47, 145), digno de confianza absoluta. En cambio, los ídolos terrenales tienen que ser fabricados por los hombres (v.9) y perecerán (v. 15). Sabiduría, Dios, hombre, ídolos, inteligencia, (Sabiduría de Dios es incomparable). Estudiante, docentes cuatro vientos. Si el estudiante y el docente, se analizan, y meditan, que cada ser humano llegara un día que nos tenemos de ir a otro mundo, es decir al morir la persona, deja de trabajar el cuerpo que está hecho de materia orgánica e inorgánica, y que en su interior estamos hechos de todos los químicos que están en la tabla periódica que usan los químicos, biólogos, y que estamos hechos, de materia como lo está hecha la tierra, es por ello que cada ser humano que muere, esa materia orgánica e inorgánica debe de ir hacia abajo de la tierra, por ello se dice. Polvo eres y polvo te convertirás. Y lo espira por la boca de la persona moribunda, es materia inmortal que es (alma y espíritu son sustancias inmortales). Muy bien, tenemos sabiduría e inteligencia en nuestro cerebro, pero es sabiduría humana, y necesitamos también sabiduría espiritual (lo sobrenatural) y eso lo da Dios, si el estudiante y docente se lo piden de todo corazón-mente y que su espíritu -conciencia sea humilde en verdad, entonces Dios le brinda un poco de su sabiduría e inteligencia.

Imagen.

Proverbios 2:6
"Porque
JEHOVÁ DA
LA SABIDURÍA,
y de su boca viene
EL CONOCIMIENTO
y
LA INTELIGENCIA."

Discusión. Si te falta sabiduría e inteligencia, consejería poder, conocimiento acuda al: Creador el Dios, que te escucha y te da lo que tú le pidas. (Sabiduría de Dios: Incomparable: Isaías. 44:7; Jeremías. 10:7). Isaías. 44:7 dice así: ¿Y quién proclamará lo venidero, lo declarará, y lo pondrá en orden delante de mí, como hago yo desde que establecí el pueblo antiguo? Anúncienles lo que viene, y lo que está por venir. **44:7 lo declarara...Anúncienles.** Si los ídolos pueden predecir "lo que viene, y lo que está por venir", que lo hagan con precisión, como el Señor lo ha hecho. Como los judíos han recibido predicciones del futuro desde que Dios los escogió como su pueblo, estar calificados para ser sus testigos (versículo 8). **Jeremías. 10:7** dice así: ¿Quién no te temerá, oh Rey de las naciones? Porque a ti es debido el temor; porque entre todos los sabios de las naciones y en todos sus reinos, no hay semejante a ti. **10:7 Rey.** Dios quien en su soberanía creo y controla todas las cosas (cp. vv. 12, 16; Dt. 4:25), es el único Dios eterno y viviente (cp. Salmo. 47, 145), digno de confianza absoluta. En cambio, los ídolos terrenales tienen que ser fabricados por los hombres (v.9) y perecerán (v. 15). Sabiduría, Dios, hombre, ídolos, inteligencia, (Sabiduría de Dios es incomparable). Estudiante, docentes cuatro vientos. Si el estudiante y el docente, se analizan, y meditan, que cada ser humano llegara un día que nos tenemos de ir a otro mundo, es decir al morir la persona, deja de trabajar el cuerpo que está hecho de materia orgánica e inorgánica, y que en su interior estamos hechos de todos los químicos que están en la tabla periódica que usan los químicos, biólogos, y que estamos hechos, de materia como lo está hecha la tierra, es por ello que cada ser humano que muere, esa materia orgánica e inorgánica debe de ir hacia abajo de la tierra, por ello se dice. Polvo eres y polvo te convertirás. Y lo espira por la boca de la persona moribunda, es materia inmortal que es (alma y espíritu son sustancias inmortales). Muy bien, tenemos sabiduría e inteligencia en nuestro cerebro, pero es sabiduría humana, y necesitamos también sabiduría espiritual (lo sobrenatural) y eso lo da Dios, si el estudiante y docente se lo piden de todo corazón-mente y que su espíritu -conciencia sea humilde en verdad, entonces Dios le brinda un poco de su sabiduría e inteligencia.

Imagen.

pablo oró por
inteligencia espiritual e
inteligencia practica

Si te falta sabiduría e inteligencia, consejería poder, conocimiento acuda al: Creador el Dios, que te escucha y te da lo que tú le pidas. (Sabiduría de Dios: Incomparable: Isaías. 44:7; Jeremías. 10:7). Isaías. 44:7 dice así: ¿Y quién proclamará lo venidero, lo declarará, y lo pondrá en orden delante de mí, como hago yo desde que establecí el pueblo antiguo? Anúncienles lo que viene, y lo que está por venir. **44:7 lo declarara...Anúncienles.** Si los ídolos pueden predecir "lo que viene, y lo que está por venir", que lo hagan con precisión, como el Señor lo ha hecho. Como los judíos han recibido predicciones del futuro desde que Dios los escogió como su pueblo, estar calificados para ser sus testigos (versículo 8). **Jeremías. 10:7** dice así: ¿Quién no te temerá, oh Rey de las naciones? Porque a ti es debido el temor; porque entre todos los sabios de las naciones y en todos sus reinos, no hay semejante a ti. **10:7 Rey.** Dios quien en su soberanía creo y controla todas las cosas (cp. vv. 12, 16; Dt. 4:25), es el único Dios eterno y viviente (cp. Salmo. 47, 145), digno de confianza absoluta. En cambio, los ídolos terrenales tienen que ser fabricados por los hombres (v.9) y perecerán (v. 15). Sabiduría, Dios, hombre, ídolos, inteligencia, (Sabiduría de Dios es incomparable). Estudiante, docentes cuatro vientos. Si el estudiante y el docente, se analizan, y meditan, que cada ser humano llegara un día que nos tenemos de ir a otro mundo, es decir al morir la persona, deja de trabajar el cuerpo que está hecho de materia orgánica e inorgánica, y que en su interior estamos hechos de todos los químicos que están en la tabla periódica que usan los químicos, biólogos, y que estamos hechos, de materia como lo está hecha la tierra, es por ello que cada ser humano que muere, esa materia orgánica e inorgánica debe de ir hacia abajo de la tierra, por ello se dice. Polvo eres y polvo te convertirás. Y lo espira por la boca de la persona moribunda, es materia inmortal que es (alma y espíritu son sustancias inmortales). Muy bien, tenemos sabiduría e inteligencia en nuestro cerebro, pero es sabiduría humana, y necesitamos también sabiduría espiritual (lo sobrenatural) y eso lo da Dios.

Resumiendo, el capítulo. Si te falta sabiduría e inteligencia, consejería poder, conocimiento acuda al: Creador el Dios, que te escucha y te da lo que tú le pidas. (Sabiduría de Dios: Incomparable: Isaías. 44:7; Jeremías. 10:7). Isaías. 44:7 dice así: ¿Y quién proclamará lo venidero, lo declarará, y lo pondrá en orden delante de mí, como hago yo desde que establecí el pueblo antiguo? Anúncienles lo que viene, y lo que está por venir. **44:7 lo declarara...Anúncienles.** Si los ídolos pueden predecir "lo que viene, y lo que está por venir", que lo hagan con precisión, como el Señor lo ha hecho. Como los judíos han recibido predicciones del futuro desde que Dios los escogió como su pueblo, estar calificados para ser sus testigos (versículo 8). **Jeremías. 10:7** dice así: ¿Quién no te temerá, oh Rey de las naciones? Porque a ti es debido el temor; porque entre todos los sabios de las naciones y en todos sus reinos, no hay semejante a ti. **10:7 Rey.** Dios quien en su soberanía creo y controla todas las cosas (cp. vv. 12, 16; Dt. 4:25), es el único Dios eterno y viviente (cp. Salmo. 47, 145), digno de confianza absoluta. En cambio, los ídolos terrenales tienen que ser fabricados por los hombres (v.9) y perecerán (v. 15). Sabiduría, Dios, hombre, ídolos, inteligencia, (Sabiduría de Dios es incomparable). Estudiante, docentes cuatro vientos. Si el estudiante y el docente, se analizan, y meditan, que cada ser humano llegara un día que nos tenemos de ir a otro mundo, es decir al morir la persona, deja de trabajar el cuerpo que está hecho de materia orgánica e inorgánica, y que en su interior estamos hechos de todos los químicos que están en la tabla periódica que usan los químicos, biólogos, y que estamos hechos, de materia como lo está hecha la tierra, es por ello que cada ser humano que muere, esa materia orgánica e inorgánica debe de ir hacia abajo de la tierra, por ello se dice. Polvo eres y polvo te convertirás. Y lo espira por la boca de la persona moribunda, es materia inmortal que es (alma y espíritu son sustancias inmortales). Muy bien, tenemos sabiduría e inteligencia en nuestro cerebro, pero es sabiduría humana, y necesitamos también sabiduría espiritual (lo sobrenatural) y eso lo da Dios, si el estudiante y docente se lo piden de todo corazón-mente y que su espíritu -conciencia sea humilde en verdad, entonces Dios le brinda un poco de su sabiduría e inteligencia.

Profesando ser
sabios, se
volvieron necios,
Romanos
1:22
Knowing-Jesus.com

Recapitulación. Si te falta sabiduría e inteligencia, consejería poder, conocimiento acuda al: Creador el Dios, que te escucha y te da lo que tú le pidas. (Sabiduría de Dios: Incomparable: Isaías. 44:7; Jeremías. 10:7). Isaías. 44:7 dice así: ¿Y quién proclamará lo venidero, lo declarará, y lo pondrá en orden delante de mí, como hago yo desde que establecí el pueblo antiguo? Anúncienles lo que viene, y lo que está por venir. **44:7 lo declarara...Anúncienles.** Si los ídolos pueden predecir "lo que viene, y lo que está por venir", que lo hagan con precisión, como el Señor lo ha hecho. Como los judíos han recibido predicciones del futuro desde que Dios los escogió como su pueblo, estar calificados para ser sus testigos (versículo 8). **Jeremías. 10:7** dice así: ¿Quién no te temerá, oh Rey de las naciones? Porque a ti es debido el temor; porque entre todos los sabios de las naciones y en todos sus reinos, no hay semejante a ti. **10:7 Rey.** Dios quien en su soberanía creo y controla todas las cosas (cp. vv. 12, 16; Dt. 4:25), es el único Dios eterno y viviente (cp. Salmo. 47, 145), digno de confianza absoluta. En cambio, los ídolos terrenales tienen que ser fabricados por los hombres (v.9) y perecerán (v. 15). Sabiduría, Dios, hombre, ídolos, inteligencia, (Sabiduría de Dios es incomparable). Estudiante, docentes cuatro vientos. Si el estudiante y el docente, se analizan, y meditan, que cada ser humano llegara un día que nos tenemos de ir a otro mundo, es decir al morir la persona, deja de trabajar el cuerpo que está hecho de materia orgánica e inorgánica, y que en su interior estamos hechos de todos los químicos que están en la tabla periódica que usan los químicos, biólogos, y que estamos hechos, de materia como lo está hecha la tierra, es por ello que cada ser humano que muere, esa materia orgánica e inorgánica debe de ir hacia abajo de la tierra, por ello se dice. Polvo eres y polvo te convertirás. Y lo espira por la boca de la persona moribunda, es materia inmortal que es (alma y espíritu son sustancias inmortales). Muy bien, tenemos sabiduría e inteligencia en nuestro cerebro, pero es sabiduría humana, y necesitamos también sabiduría espiritual (lo sobrenatural) y eso lo da Dios, si el estudiante y docente se lo piden de todo corazón-mente y que su espíritu -conciencia sea humilde en verdad, entonces Dios le brinda un poco de su sabiduría e inteligencia.

Capitulo siete.

La relación entre el docente y el estudiante es muy importante, para que pueda existir una educación de alta calidad, hoy día. Y ser útiles ante la sociedad, ya que estamos pasando una crisis hoy día, respecto a la educación. (Estamos viviendo donde exista mucho el egoísmo por doquier.) 1 Corintios. 10:33; Filipenses. 2:21). (Buscamos lo nuestro).

Resumen. La relación entre el docente y el estudiante es muy importante, para que pueda existir una educación de alta calidad, hoy día. Y ser útiles ante la sociedad, ya que estamos pasando una crisis hoy día, respecto a la educación. Los valores familiares, escolares, sociales, están pasando por una crisis muy fuerte, a tal grado, que ya no existe: un buen día, una buena tarde y mucho menos buenas noches, ante la comunidad, porque ya domina el uso exagerado del celular-Internet, que nos hemos olvidado que existimos, que triste, pero es la pura realidad, ¡no sé, que va a pasar si seguimos así!, estamos actuando como seres inferiores, sin razonamiento, sin buenos morales, ya no hay respeto, estamos actuando de una manera animal, irracional,, sin piedad, sin misericordia sin amor ante la misma sociedad. (Estamos viviendo donde exista mucho el egoísmo por doquier.) 1 Corintios. 10:33; Filipenses. 2:21). (Buscamos lo nuestro).

Palabras clave.

Irracional, desamor, sociedad, celular-Internet, educación, estudiantado, docente, familia, buen día, inmoralidad, prójimo, valores morales.

Introducción.

La relación entre el docente y el estudiante es muy importante, para que pueda existir una educación de alta calidad, hoy día. Y ser útiles ante la sociedad, ya que estamos pasando una crisis hoy día, respecto a la educación. Los valores familiares, escolares, sociales, están pasando por una crisis muy fuerte, a tal grado, que ya no existe: un buen día, una buena tarde y mucho menos buenas noches, ante la comunidad, porque ya domina el uso exagerado del celular-Internet, que nos hemos olvidado que existimos, que triste, pero es la pura realidad, ¡no sé, que va a pasar si seguimos así!, estamos actuando como seres inferiores, sin razonamiento, sin buenos morales, ya no hay respeto, estamos actuando de una manera animal, irracional,, sin piedad, sin misericordia sin amor ante la misma sociedad. (Estamos viviendo donde exista mucho el egoísmo por doquier.) 1 Corintios. 10:33; Filipenses. 2:21). (Buscamos lo nuestro). Irracional, desamor, sociedad, celular-Internet, educación, estudiantado, docente, familia, buen día, inmoralidad, prójimo, valores morales. Hay que dejar atrás todo ,lo que nos estorbe en nuestro organismo somático y cerebral, para poder iniciar este hermoso proceso cognitivo, para que los estudiantes y maestros y maestras, se vinculen con el estudiantado, y así juntos, podrán analizar cada uno y en conjunto las normas, los estatutos, y todo lo leído, para que después hay que escribir los formatos, y así dejar historia, para que un día que nos vamos de este mundeo, haya historia de nosotros, y los que vienen tendrán que leer, y se dirán: esto es hermoso, nos invitan a cambiar nuestra forma de vida, y eso es lo que queremos todos y cada uno de nosotros. Pienso que hasta en este momento vamos muy bien, porque aquí lo importante es aceptar que yo estoy mal, que voy rumbo equivocado, y que debo de cambiar mi forma de vivir, de pensar, de discernir, de actuar, porque si no lo hago iré rumbo a la Sima (abismo) intelectual somático y cerebral. Tenemos que rescatar los valores humanísticos de uno mismo y de la sociedad, porque cada día, cada noche, percibo, veo, que estamos muy mal en cuestión de la lectura, de la escritura, de la unificación de la vinculación correcta, y hasta de deci8r: un buen día, una buena noche ya son pocos los que lo hacen a veces en la mañana le digo a una persona: buen día, y nada mas me mira, pero no contesta, es muy lamentable, pero sucede.

Metodología sistemática. La relación entre el docente y el estudiante es muy importante, para que pueda existir una educación de alta calidad, hoy día. Y ser útiles ante la sociedad, ya que estamos pasando una crisis hoy día, respecto a la educación. Los valores familiares, escolares, sociales, están pasando por una crisis muy fuerte, a tal grado, que ya no existe: un buen día, una buena tarde y mucho menos buenas noches, ante la comunidad, porque ya domina el uso exagerado del celular-Internet, que nos hemos olvidado que existimos, que triste, pero es la pura realidad, ¡no sé, que va a pasar si seguimos así!, estamos actuando como seres inferiores, sin razonamiento, sin buenos morales, ya no hay respeto, estamos actuando de una manera animal, irracional,, sin piedad, sin misericordia sin amor ante la misma sociedad. (Estamos viviendo donde exista mucho el egoísmo por doquier.) 1 Corintios. 10:33; Filipenses. 2:21). (Buscamos lo nuestro). Irracional, desamor, sociedad, celular-Internet, educación, estudiantado, docente, familia, buen día, inmoralidad, prójimo, valores morales. Hay que dejar atrás todo ,lo que nos estorbe en nuestro organismo somático y cerebral, para poder iniciar este hermoso proceso cognitivo, para que los estudiantes y maestros y maestras, se vinculen con el estudiantado, y así juntos, podrán analizar cada uno y en conjunto las normas, los estatutos, y todo lo leído, para que después hay que escribir los formatos, y así dejar historia, para que un día que nos vamos de este mundeo, haya historia de nosotros, y los que vienen tendrán que leer, y se dirán: esto es hermoso, nos invitan a cambiar nuestra forma de vida, y eso es lo que queremos todos y cada uno de nosotros. Pienso que hasta en este momento vamos muy bien, porque aquí lo importante es aceptar que yo estoy mal, que voy rumbo equivocado, y que debo de cambiar mi forma de vivir, de pensar, de discernir, de actuar, porque si no lo hago iré rumbo a la Sima (abismo) intelectual somático y cerebral. Tenemos que rescatar los valores humanísticos de uno mismo y dela sociedad, porque cada día, cada noche, percibo, veo, que estamos muy mal en cuestión de la lectura, dela escritura, de la unificación de la vinculación correcta, y hasta de deci8r: un buen día, una buena noche ya son pocos los que lo hacen a veces en la mañana le digo a una persona : buen día, y nada más me mira, pero no contesta, es muy lamentable, pero sucede.

Imagen.

Conciencia fonológica
Reglas de correspondencia grafema-fonema
Fluidez lectora
Vocabulario
Comprensión
COMPONENTES DE LA LECTURA EFICAZ (National Reading Panel, 2000)

Discusión. La relación entre el docente y el estudiante es muy importante, para que pueda existir una educación de alta calidad, hoy día. Y ser útiles ante la sociedad, ya que estamos pasando una crisis hoy día, respecto a la educación. Los valores familiares, escolares, sociales, están pasando por una crisis muy fuerte, a tal grado, que ya no existe: un buen día, una buena tarde y mucho menos buenas noches, ante la comunidad, porque ya domina el uso exagerado del celular-Internet, que nos hemos olvidado que existimos, que triste, pero es la pura realidad, ¡no sé, que va a pasar si seguimos así!, estamos actuando como seres inferiores, sin razonamiento, sin buenos morales, ya no hay respeto, estamos actuando de una manera animal, irracional,, sin piedad, sin misericordia sin amor ante la misma sociedad. (Estamos viviendo donde exista mucho el egoísmo por doquier.) 1 Corintios. 10:33; Filipenses. 2:21). (Buscamos lo nuestro). Irracional, desamor, sociedad, celular-Internet, educación, estudiantado, docente, familia, buen día, inmoralidad, prójimo, valores morales. Hay que dejar atrás todo ,lo que nos estorbe en nuestro organismo somático y cerebral, para poder iniciar este hermoso proceso cognitivo, para que los estudiantes y maestros y maestras, se vinculen con el estudiantado, y así juntos, podrán analizar cada uno y en conjunto las normas, los estatutos, y todo lo leído, para que después hay que escribir los formatos, y así dejar historia, para que un día que nos vamos de este mundeo, haya historia de nosotros, y los que vienen tendrán que leer, y se dirán: esto es hermoso, nos invitan a cambiar nuestra forma de vida, y eso es lo que queremos todos y cada uno de nosotros. Pienso que hasta en este momento vamos muy bien, porque aquí lo importante es aceptar que yo estoy mal, que voy rumbo equivocado, y que debo de cambiar mi forma de vivir, de pensar, de discernir, de actuar, porque si no lo hago iré rumbo a la Sima (abismo) intelectual somático y cerebral. Tenemos que rescatar los valores humanísticos de uno mismo y dela sociedad, porque cada día, cada noche, percibo, veo, que estamos muy mal en cuestión de la lectura, dela escritura, de la unificación de la vinculación correcta, y hasta de deci8r: un buen día, una buena noche ya son pocos los que lo hacen a veces en la mañana le digo a una persona : buen día, y nada más me mira, pero no contesta, es muy lamentable, pero sucede.

Cuadro mental.

La relación entre el docente y el estudiante es muy importante, para que pueda existir una educación de alta calidad, hoy día. Y ser útiles ante la sociedad, ya que estamos pasando una crisis hoy día, respecto a la educación. Los valores familiares, escolares, sociales, están pasando por una crisis muy fuerte, a tal grado, que ya no existe: un buen día, una buena tarde y mucho menos buenas noches, ante la comunidad, porque ya domina el uso exagerado del celular-Internet, que nos hemos olvidado que existimos, que triste, pero es la pura realidad, ¡no sé, que va a pasar si seguimos así!, estamos actuando como seres inferiores, sin razonamiento, sin buenos morales, ya no hay respeto, estamos actuando de una manera animal, irracional,, sin piedad, sin misericordia sin amor ante la misma sociedad. (Estamos viviendo donde exista mucho el egoísmo por doquier.) 1 Corintios. 10:33; Filipenses. 2:21). (Buscamos lo nuestro).
Irracional, desamor, sociedad, celular-Internet, educación, estudiantado, docente, familia, buen día, inmoralidad, prójimo, valores morales.

Pues bien, creo que vamos por un buen camino a este momento, así lo percibo, y ¿Ustedes que dicen mis queridos estudiantes y docentes?

Vamos rumbo ala Cima, y esto es muy bueno, hasta hoy, yo espero que sea siempre así, y si alguien tiene alguna caída, uno de nosotros lo levantamos, para unificarnos y así hacer llegar al camino erecto y Cima.

¿Se podrá? ¡Claro que si se puede, queriendo!

Imagen.

Pues bien, mano a la obra, empecemos con la lectura, creo que para empezar, lo podemos iniciar con una lectura pequeña, y podemos leer, unas cuantas líneas y unos cuantos párrafos, aproximadamente de cinco a diez párrafos, y ya, para hacerlo tranquilamente, y sobre todo para entender. Comprender y discernir lo leído.

Recapitulación. La relación entre el docente y el estudiante es muy importante, para que pueda existir una educación de alta calidad, hoy día. Y ser útiles ante la sociedad, ya que estamos pasando una crisis hoy día, respecto a la educación. Los valores familiares, escolares, sociales, están pasando por una crisis muy fuerte, a tal grado, que ya no existe: un buen día, una buena tarde y mucho menos buenas noches, ante la comunidad, porque ya domina el uso exagerado del celular-Internet, que nos hemos olvidado que existimos, que triste, pero es la pura realidad, ¡no sé, que va a pasar si seguimos así!, estamos actuando como seres inferiores, sin razonamiento, sin buenos morales, ya no hay respeto, estamos actuando de una manera animal, irracional,, sin piedad, sin misericordia sin amor ante la misma sociedad. (Estamos viviendo donde exista mucho el egoísmo por doquier.) 1 Corintios. 10:33; Filipenses. 2:21). (Buscamos lo nuestro). Irracional, desamor, sociedad, celular-Internet, educación, estudiantado, docente, familia, buen día, inmoralidad, prójimo, valores morales. Hay que dejar atrás todo ,lo que nos estorbe en nuestro organismo somático y cerebral, para poder iniciar este hermoso proceso cognitivo, para que los estudiantes y maestros y maestras, se vinculen con el estudiantado, y así juntos, podrán analizar cada uno y en conjunto las normas, los estatutos, y todo lo leído, para que después hay que escribir los formatos, y así dejar historia, para que un día que nos vamos de este mundeo, haya historia de nosotros, y los que vienen tendrán que leer, y se dirán: esto es hermoso, nos invitan a cambiar nuestra forma de vida, y eso es lo que queremos todos y cada uno de nosotros. Pienso que hasta en este momento vamos muy bien, porque aquí lo importante es aceptar que yo estoy mal, que voy rumbo equivocado, y que debo de cambiar mi forma de vivir, de pensar, de discernir, de actuar, porque si no lo hago iré rumbo a la Sima (abismo) intelectual somático y cerebral. Tenemos que rescatar los valores humanísticos de uno mismo y de la sociedad, porque cada día, cada noche, percibo, veo, que estamos muy mal en cuestión de la lectura, de la escritura, de la unificación de la vinculación correcta, y hasta de deci8r: un buen día, una buena noche ya son pocos los que lo hacen a veces en la mañana le digo a una persona: buen día, y nada más me mira, pero no contesta, es muy lamentable, pero sucede.

Imagen.

Escudriñad las Escrituras;
porque a vosotros
os parece que en ellas
tenéis la vida eterna;
y ellas son las que dan
testimonio de mí
Juan 5:39

Imagen.

Capítulo ocho. Resumiendo, los capítulos anteriores.

La relación entre el docente y el estudiante es muy importante, para que pueda existir una educación de alta calidad, hoy día. Y ser útiles ante la sociedad, ya que estamos pasando una crisis hoy día, respecto a la educación. Los valores familiares, escolares, sociales, están pasando por una crisis muy fuerte, a tal grado, que ya no existe: un buen día, una buena tarde y mucho menos buenas noches, ante la comunidad, porque ya domina el uso exagerado del celular-Internet, que nos hemos olvidado que existimos, que triste, pero es la pura realidad, ¡no sé, que va a pasar si seguimos así!, estamos actuando como seres inferiores, sin razonamiento, sin buenos morales, ya no hay respeto, estamos actuando de una manera animal, irracional,, sin piedad, sin misericordia sin amor ante la misma sociedad. (Estamos viviendo donde exista mucho el egoísmo por doquier.) 1 Corintios. 10:33; Filipenses. 2:21). (Buscamos lo nuestro). Irracional, desamor, sociedad, celular-Internet, educación, estudiantado, docente, familia, buen día, inmoralidad, prójimo, valores morales. Hay que dejar atrás todo ,lo que nos estorbe en nuestro organismo somático y cerebral, para poder iniciar este hermoso proceso cognitivo, para que los estudiantes y maestros y maestras, se vinculen con el estudiantado, y así juntos, podrán analizar cada uno y en conjunto las normas, los estatutos, y todo lo leído, para que después hay que escribir los formatos, y así dejar historia, para que un día que nos vamos de este mundeo, haya historia de nosotros, y los que vienen tendrán que leer, y se dirán: esto es hermoso, nos invitan a cambiar nuestra forma de vida, y eso es lo que queremos todos y cada uno de nosotros. Pienso que hasta en este momento vamos muy bien, porque aquí lo importante es aceptar que yo estoy mal, que voy rumbo equivocado, y que debo de cambiar mi forma de vivir, de pensar, de discernir, de actuar, porque si no lo hago iré rumbo a la Sima (abismo) intelectual somático y cerebral. Tenemos que rescatar los valores humanísticos de uno mismo y dela sociedad, porque cada día, cada noche, percibo, veo, que estamos muy mal en cuestión de la lectura, dela escritura, de la unificación de la vinculación correcta, y hasta de deci8r: un buen día, una buena noche ya son pocos los que lo hacen a veces en la mañana le digo a una persona: buen día, y nada más me mira, pero no contesta, es muy lamentable, pero sucede.

Introducción. La relación entre el docente y el estudiante es muy importante, para que pueda existir una educación de alta calidad, hoy día. Y ser útiles ante la sociedad, ya que estamos pasando una crisis hoy día, respecto a la educación. Los valores familiares, escolares, sociales, están pasando por una crisis muy fuerte, a tal grado, que ya no existe: un buen día, una buena tarde y mucho menos buenas noches, ante la comunidad, porque ya domina el uso exagerado del celular-Internet, que nos hemos olvidado que existimos, que triste, pero es la pura realidad, ¡no sé, que va a pasar si seguimos así!, estamos actuando como seres inferiores, sin razonamiento, sin buenos morales, ya no hay respeto, estamos actuando de una manera animal, irracional,, sin piedad, sin misericordia sin amor ante la misma sociedad. (Estamos viviendo donde exista mucho el egoísmo por doquier.) 1 Corintios. 10:33; Filipenses. 2:21). (Buscamos lo nuestro). Irracional, desamor, sociedad, celular-Internet, educación, estudiantado, docente, familia, buen día, inmoralidad, prójimo, valores morales. Hay que dejar atrás todo ,lo que nos estorbe en nuestro organismo somático y cerebral, para poder iniciar este hermoso proceso cognitivo, para que los estudiantes y maestros y maestras, se vinculen con el estudiantado, y así juntos, podrán analizar cada uno y en conjunto las normas, los estatutos, y todo lo leído, para que después hay que escribir los formatos, y así dejar historia, para que un día que nos vamos de este mundeo, haya historia de nosotros, y los que vienen tendrán que leer, y se dirán: esto es hermoso, nos invitan a cambiar nuestra forma de vida, y eso es lo que queremos todos y cada uno de nosotros. Pienso que hasta en este momento vamos muy bien, porque aquí lo importante es aceptar que yo estoy mal, que voy rumbo equivocado, y que debo de cambiar mi forma de vivir, de pensar, de discernir, de actuar, porque si no lo hago iré rumbo a la Sima (abismo) intelectual somático y cerebral. Tenemos que rescatar los valores humanísticos de uno mismo y de la sociedad, porque cada día, cada noche, percibo, veo, que estamos muy mal en cuestión de la lectura, de la escritura, de la unificación de la vinculación correcta, y hasta de deci8r: un buen día, una buena noche ya son pocos los que lo hacen a veces en la mañana le digo a una persona: buen día, y nada más me mira, pero no contesta, es muy lamentable, pero sucede.

Metodología sistemática.

Para poder integrar al docente con el estudiantado, se necesita mucho coraje, terquead, amor, sabiduría e inteligencia, para poder enlazar, desenlazar, y re enlazar la vinculación de la enseñanza y aprendizaje. Es por ello, que estoy de acuerdo con el estudiantado y el docente (maestro y maestra) que luchan día tras día, noche tras noche para que exista una verdadera vinculación en el salón de clases, para que el estudiantado reenlace, con el docente en la reflexión, mediación, analizando los conceptos que se enlazan en la enseñanza y aprendizaje ser con el fin de que exista una educación de alta calidad en todos los rubros y niveles de la enseñanza escolar. Me uno con ellos y ellas , para poder llegar a una enseñanza de alta calidad y, la unión de ellos y ellas, que quieren un cambio interior y externo cada día, a través de los tres cerebros que integran la :Masa Encefálica de cada estudiante y decirles que , hoy día, que si se puede cuando hay: Coraje de superación cuando hay emoción sincera, cuando hay un estímulo se superación de leer correctamente , que nos enamoremos de la lectura letra tras letra, oración tras oración , que los verbos son de suma importancia para que exista los verbos que hacen que haya : enlaces, des enlace y re enlaces en la lectura y el cerebro de cada estudiante con ello y verán la luz del saber, junto a ella la sabiduría de la inteligencia y del conciencia , a través de la lectura, bendita lectura. Y para ello necesitamos las: palabras clave para poder estar enlazados, y que no exista distorsión de palabras. Y solo poder llegar a una enseñanza de alta calidad en cualquier nivel educativo de los cuatro vientos. Para poder integrar al docente con el estudiantado, se necesita mucho coraje, terquead, amor, sabiduría e inteligencia, para poder enlazar, desenlazar, y re enlazar la vinculación de la enseñanza y aprendizaje. Vamos pues a la Cima con la vinculación, aprendizaje, enseñanza, aprendizaje, discernimiento, conocimiento y sabiduría para todo estudiante y docente quieran seguir adelante en busca de la enseñanza- aprendizaje, ¡adelante pues todos!

Discusión.

Para poder integrar al docente con el estudiantado, se necesita mucho coraje, terquead, amor, sabiduría e inteligencia, para poder enlazar, desenlazar, y re enlazar la vinculación de la enseñanza y aprendizaje. Es por ello, que estoy de acuerdo con el estudiantado y el docente (maestro y maestra) que luchan día tras día, noche tras noche para que exista una verdadera vinculación en el salón de clases, para que el estudiantado reenlace, con el docente en la reflexión, mediación, analizando los conceptos que se enlazan en la enseñanza y aprendizaje ser con el fin de que exista una educación de alta calidad en todos los rubros y niveles de la enseñanza escolar. Me uno con ellos y ellas , para poder llegar a una enseñanza de alta calidad y, la unión de ellos y ellas, que quieren un cambio interior y externo cada día, a través de los tres cerebros que integran la :Masa Encefálica de cada estudiante y decirles que , hoy día, que si se puede cuando hay: Coraje de superación cuando hay emoción sincera, cuando hay un estímulo se superación de leer correctamente , que nos enamoremos de la lectura letra tras letra, oración tras oración , que los verbos son de suma importancia para que exista los verbos que hacen que haya : enlaces, des enlace y re enlaces en la lectura y el cerebro de cada estudiante con ello y verán la luz del saber, junto a ella la sabiduría de la inteligencia y del conciencia , a través de la lectura, bendita lectura. Y para ello necesitamos las: palabras clave para poder estar enlazados, y que no exista distorsión de palabras. Y solo poder llegar a una enseñanza de alta calidad en cualquier nivel educativo de los cuatro vientos.

Imagen.

5 acciones certeras para la
motivación del docente en tu escuela

El esfuerzo
y la perseverancia
son valores esenciales
para la vida

Recapitulación. Cada un ser humano de los cuatro vientos, hemos nacido con todas las herramientas necesarias para decir un No o un Si. (Masa Encefálica). La Masa encefálica está integrada por tres cerebros, el primero es el cerebro mamífero, el cerebro segundo es el cerebro mamífero- hormonal y sexual y el tercer cerebro es el está en la parte inferior de la cada posterior, y su función es sobrevivir, es decir es el instinto de sobrevivencia que es capaz de matar para poder sobrevivir. Nacer, masa encefálica, tres cerebros: cerebro humano, cerebro mamífero, y cerebro instinto (sobrevivencia) amor, sabiduría, inteligencia, poder, consejería, conocimiento, espíritu- conciencia. Egoísmo, ególatra, egocéntrico, maldad, robar, arrogancia, malicia, iniquidad, desviaciones sexuales, y matar por sobrevivir. Ya depende de cada estudiante de cada docente, de ¡cada persona, que decida qué hacer con su vida diaria, hasta que deje de respirar, pero hay muchas personas, estudiantes y docentes, que no saben que hacer!, ¡como que necesitan ayuda! Y la ayuda viene del Creador- Dios el Todopoderoso, el que e Omnisciente, que todo lo saber, si lo pedimos de todos corazón-mente, y que nuestro espíritu -conciencia sea humilde, de en verdad, entonces Dos viene sobra cada persona, ya sea estudiante, ya sea docente, ya sea otra persona no importa la edad que tengamos, el viene a ayudarnos, pero si lo pedimos, a medias, él sabe, que estamos mintiendo, que no le creemos, pues bien, así, no hay resultados positivos. De parte de Dios. Al parecer domina el cerebro mamífero- hormonal y sexual y claro que ahí se anida: el desamor, la envidia, el egoísmo, el egocéntrico ,través de la historia de la humanidad, hasta hoy día, también se anida la pereza somática y cerebral, y nos descuidamos estos factores negativos, dominarán al cerebro humano, como si fuera anestesia, y es cuando el estudiante y el docente, no meditan, no reflexionan, y sus pensamientos son de simplicidad, y por ende no llegan a un pensamiento complejo y claro que así, no hay ayuda para la comunidad. Pero si hoy día, queremos cambiar, les invito al estudiantado de los cuatro vientos, y al docente, que hagamos un cambo interno hoy, y le podemos pedir ayuda al Dios el Altísimo, y con él al Espíritu Santo y claro a Jesucristo, que nos ayuden, en nuestra integridad, y los pensamientos van a fluir en nuestro cerebro humano, y ahí, habrá el inicio de un cambio interno y externo.

Resumiendo, este hermoso capitulo. El docente y el estudiantado en la enseñanza y aprendizaje de la lectura.

(Proverbios. Capítulo 1 versículo 3) dice así: Para recibir el consejo de prudencia, justicia, juicio y equidad). Dice así: 1:3 prudencia, justicia, juicio y equidad. Desarrollando el propósito y los términos del versículo 2ª, Proverbios emprende un proceso de instruir a un hijo en las disciplinas de:

1(La prudencia (un término hebreo diferente del traducido "sabiduría" en el versículo 2), que significa discreción en el consejo o la capacidad de gobernarse a uno mismo por decisión; 2) **justicia**, la capacidad de amoldarse a la voluntad con la justicia poseída; 3) **juicio**, la aplicación de una verdadera justicia al tratar con los demás, y 4) **equidad**, vivir de una forma honrada y agradable. prudencia, justicia, juicio, equidad, docente, estudiantado, enseñanza, lectura, aula de clases.

Si el docente aplica estos conceptos básicos éticos para convivir, con el estudiantado, entonces estarán alcanzando una educación de alta calidad, porque la prudencia, la justicia, el juicio, la equidad, la enseñanza, el aprendizaje, la didáctica, la psicología y el verdadero amor, con ellos y cada uno de ellos, serán una verdadera transformación, que al final de la jornada, serán unos verdaderos Profesionistas que solo harán lo correcto y así, serán unos verdaderos servidores para la comunidad donde estén. Y los docentes y maestras estarán satisfechos por la misión cumplida, y también ellos y ellas, tendrán su recompensa de alegría de amor, y al meditar en ellos, para ellos, dirán: vale la pena vivir, y convivir con el estudiantado hoy y siempre y hemos cumplido con nuestra misión, que nos ha encomendado la nación, pueblo, ciudad, y hogar y sobre todo con ellos mismos, su conciencia, su mente, su corazón y su conciencia. Pues bien, también yo como escritor, como padre de familia, como médico, y ahora me siento bien tranquilo, con mucha paz en mi interior, y se, que me faltan más peldaños por escalar, hasta el final de mi jornada y darle muchas gracias al Creador el Eterno que por él, vivo, por el escribo, por el respiro, y por el amor al prójimo, a mí mismo, a mi esposa y a mis hijos y todo aquel o aquella que vea día tras día, noche tras noche, hasta que un día mi Dios me diga, hasta aquí, ya te voy a llevar a mi refugio.

Cuadro mental.

La relación entre el docente y el estudiante es muy importante, para que pueda existir una educación de alta calidad, hoy día. Y ser útiles ante la sociedad, ya que estamos pasando una crisis hoy día, respecto a la educación. Los valores familiares, escolares, sociales, están pasando por una crisis muy fuerte, a tal grado, que ya no existe: un buen día, una buena tarde y mucho menos buenas noches, ante la comunidad, porque ya domina el uso exagerado del celular-Internet, que nos hemos olvidado que existimos, que triste, pero es la pura realidad, ¡no sé, que va a pasar si seguimos así!, estamos actuando como seres inferiores, sin razonamiento, sin buenos morales, ya no hay respeto, estamos actuando de una manera animal, irracional,, sin piedad, sin misericordia sin amor ante la misma sociedad. (Estamos viviendo donde exista mucho el egoísmo por doquier.) 1 Corintios. 10:33; Filipenses. 2:21). (Buscamos lo nuestro).
Irracional, desamor, sociedad, celular-Internet, educación, estudiantado, docente, familia, buen día, inmoralidad, prójimo, valores morales.

Pues bien, creo que vamos por un buen camino a este momento, así lo percibo, y ¿Ustedes que dicen mis queridos estudiantes y docentes?

Vamos rumbo ala Cima, y esto es muy bueno, hasta hoy, yo espero que sea siempre así, y si alguien tiene alguna caída, uno de nosotros lo levantamos, para unificarnos y así hacer llegar al camino erecto y Cima.

¿Se podrá? ¡Claro que, si se puede, queriendo!

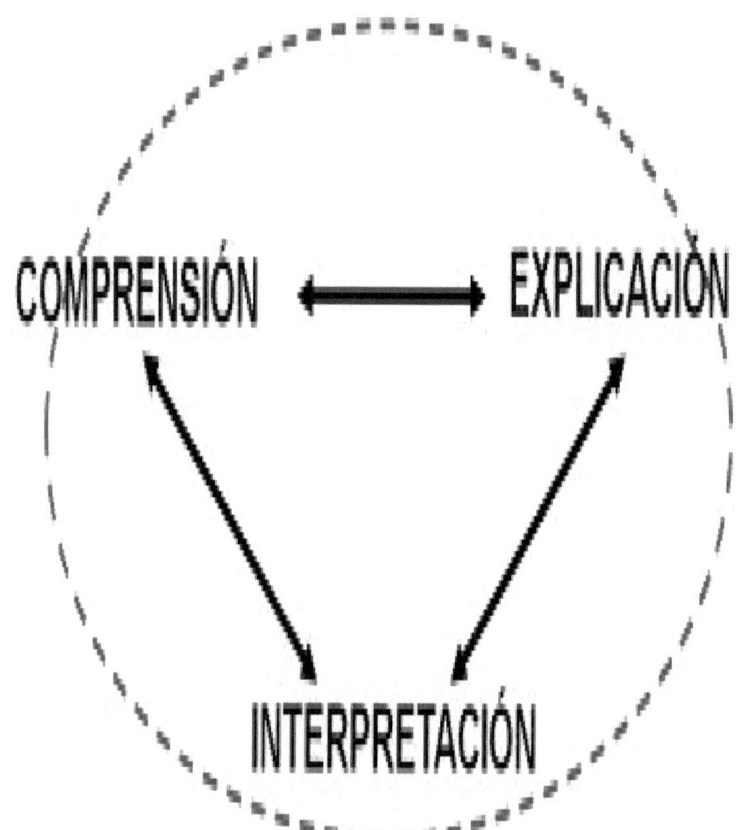
COMPRENSIÓN
EXPLICACIÓN
INTERPRETACIÓN

Bibliografía.

(Las Sagradas Escrituras- Biblia).

1.- Barraza Cuéllar Armando. (2011). Siete Pasos para llegar a una Enseñanza-Aprendizaje. (Metas para el 2021 en la educación educativa a nivel superior de alta calidad, en el inicio de un pensamiento integral). U.S.A. Editorial Palibrio.

2.- Barraza Cuéllar Armando. (2012) ¡Como que eres maestro! España. Editorial Académica Española.

3.- Barraza Cuéllar Armando. (2012). Vamos pues a integrar: cuerpo, mente y consciencia. España. Editorial Académica Española. ISBN.

4.- Barraza Cuellar Armando. (2012) ¿Cómo le puedo hacer? Yo, para reactivar a mí: Cuerpo, a mi mente y a la inteligencia e integrarlos para sus diferentes funciones. España. Editorial Académica Española. ISBN.

5.- Barraza Cuéllar Armando. (2012). Siete pasos para llegar a la consciencia. España. Editorial Académica Española. ISBN.

6.-Barraza Cuéllar Armando. (2012). Los siete procesos de una integridad que es la enseñanza-aprendizaje. España. Editorial Académica Española. ISBN

7.- Barraza Cuéllar Armando. (2019). Enséñame tu, lo que yo no veo.
España. Editorial Académica Española. ISBN.

8.- Barraza Cuéllar Armando (2022). Tú decides, que rumbo tomas.

978- 620-2- 10386-2. Editorial Académica Española. ISBN.

9.- Barraza Cuellar Armando. (2022) Debilidades y Fortalezas para integrar, desintegrar y reintegrar. Editorial Académica española. 978- 620-2- 10798-3. ISBN.

10.- Barraza Cuellar Armando. (2023). Hoy voy a Aprender a Leer. Editorial Académica Española. 978- 620- 2- 11180-5. ISBN.

11.-Barraza Cuellar Armando. (2023). Hoy día es muy difícil encontrar un Amor Sincero. Editorial Académica Española. 978-620-2- 11421-9 ISBN.

12. Barraza Cuellar Armando, (2023) ¿Por qué nosotros los seres humanos, nos inclinamos a hacer el mal? ¡Y porque no, hacemos el bien! ISBN. 978- 620-2- 11905-4.

13.Barraza Cuellar Armando. (2023). El que guarda la inteligencia, hace el bien. ISBN. 978-620- 010-8944.

14. Barraza Cuellar Armando (2023). Por qué hoy día al estudiante le gusta memorizar en vez de comprender. ISBN. 978- 620- 010- 8258.

15. Barraza Cuellar Armando. (2023). Amonestación contra la pereza y la falsedad. ISBN. 978- 620- 010- 7831.

16. Barraza Cuellar Armando (2023). Nacemos, crecemos, nos reproducimos y nos morimos. ISBN. 978- 613- 942- 7055.

17. Barraza Cuellar Armando (2023). Hoy día es muy difícil encontrar un Amor sincero. ISBN. 978- 620- 211- 4219.

18. Barraza Cuellar Armando. (2023). ¿Por qué nosotros los seres humanos, nos inclinamos a hacer el mal? ISBN. 978- 613- 942- 7079.

19. Barraza Cuellar Armando. (2023). Para ser maestro hay que amar la docencia. ISBN. 978- 620-010-9453.

Printed by Books on Demand GmbH, Norderstedt / Germany